最妙趣横生的

人际心理学

琦　晨◎著

吉林出版集团股份有限公司

图书在版编目（CIP）数据

最妙趣横生的人际心理学 / 琦晨著 . —长春：吉林出版集团股份有限公司，2018.3

ISBN 978-7-5581-4642-8

Ⅰ . ①最… Ⅱ . ①琦… Ⅲ . ①人际关系—社会心理学—通俗读物 Ⅳ . ① C912.11-49

中国版本图书馆 CIP 数据核字（2018）第 009011 号

最妙趣横生的人际心理学

著　　者　琦　晨
责任编辑　齐　琳　史俊南
封面设计　颜　森
开　　本　710mm × 1000mm　1/16
字　　数　170 千字
印　　张　14
版　　次　2018 年 5 月第 1 版
印　　次　2019 年 6 月第 2 次印刷

出　　版　吉林出版集团股份有限公司
电　　话　总编办：010-63109269
　　　　　发行部：010-69584388
印　　刷　三河市东兴印刷有限公司

ISBN 978-7-5581-4642-8　　定价：39.80 元
如出现印装质量问题，调换联系电话：010-82865588

前 言

美国人际关系学家阿尔伯特·爱德华·威根在他的《探索你的心理世界》一书中指出："在一年内失去工作的4000名职工中，只有400人，即总数的10%是因不能胜任工作而被开除的。其余的90%则是因为不能很好地处理人际关系而被解雇。"

美国斯坦福研究中心的数据显示：人们赚的钱12.5%来自知识，87.5%来自关系。

国际罗勃·海扶公司调查显示：员工离职，34%是因为成绩未被认同或赞扬，29%是因为低薪，13%是因为职权混淆，8%是因为人事冲突。

著名社会学家亚后尔一针见血地指出：良性的人际关系是成功的一大半。但是在实际生活中，相当多的人因不能和某些人和谐相处而苦恼，试问：

为什么有的人形单影只，而有的人能左右逢源？

为什么有的人怀才不遇，而有的人能鹏程万里？

为什么有的人事倍功半，而有的人能事半功倍？

为什么有的人情场失意，而有的人能情场得意？

为什么有的人败事有余，而有的人能成事多多？

……

其实人际交往的学问永远具有生命力，永远值得人们关注和探究。

随着社会的进步和文明的发展，人们之间的交往日益密切。从早晨起床到晚上睡觉，人际交往渗透了我们生活的方方面面。出门坐车、买东西、上班……我们在满足吃穿住行的同时，就已经在和不同职业、性别的人打交道了。人际交往成了我们每天的必修课。

既然一个人要不可避免地与他人产生关联，那么人际交往就变得异乎寻常的重要。可以毫不夸张地说，人际交往会成就一个人，同样也会毁了一个人。在我们周围，不乏相貌堂堂、胸怀大志、才华横溢的人，然而他们却始终郁郁不得志，原因就是他们不善交际。因此，如何与他人融洽地相处就成为一个不可忽视的课题。可是，我们怎样才能与他人和谐共处呢？

先给大家讲个故事。

一天，小楠与朋友一起去爬山，他们爬到山顶已经很累了，可是山顶能休息的地方已经坐满了人。找了半天，小楠终于发现了一个长椅，上面已经坐了一对情侣，但旁边还能坐一个人，小楠就在边上坐了下来。那对情侣一直看着小楠，小楠有些纳闷，长椅又不是你家的，干吗不让我坐啊。不一会儿那对情侣就走了。

其实，小楠不知道，人与人之间需要保持一定的空间距离。任何一个人，都需要自己的周围有一个自己能把握的空间，它就像一个无形的“气泡”一样为每个人“割据”了一定的“领域”。而当这个自我空间被人侵犯时，人们就会感到不舒服、不安全，甚至恼怒起来。那对情侣就是因为感到自己的空间被人侵犯了，所以才会离开。如果小楠懂得一些心理学的知识，就不会对那对情侣耿耿于怀了。

由此可见，心理学在人际交往中有十分重要的作用，掌握一些心理学的知识不但会让你明白很多社交现象背后深层次的心理原因，同时也能够让你在社交中如鱼得水。

这本书就是专门针对人际心理学编写的，本书阐释了人际交往的基本内容，其目的就是希望能给大家提供一些有关人际心理学的知识及人际交往中各状况处理方法，来探索个人的社交和人际关系，帮助解决个人的人际困境。

本书融科学性、趣味性、实用性为一体。它不仅会告诉你人际交往中的心理现象，还会教给你与人交往的具体方法和技巧，同时也剖析了人际交往中的一些不良心理，并指出了调适的方法，希望能够帮你扫除人际交往中的障碍。通过一个个饶有趣味的案例，你能够在快乐中学会与人交往，营造良好的人际关系。

没有人是天生的社交明星，也没有人天生就惹人讨厌，期盼你在本书的引导下，重新审视你的人际关系，并且找到适合你的人际互动模式，成为耀眼的社交明星。

目　录

CONTENTS

序章　透视人际背后的心理秘密

我们为什么需要人际交往

第一章　美丽比介绍更具推荐力

人际关系从“相遇”开始

第二章　迈出人际交往第一步

这样的说话方式讨人喜欢

第三章 完美女青年为何成了剩女

哪些特性决定你是否受欢迎

第四章 如何让投诉变成表扬

寻找心理突破点，建立亲密关系

第五章　成为对方的“知心人”

我们为何喜欢那些喜欢我们的人

第六章　“大款一定就是胖子”

影响人际交往的心理定式

第八章 情景喜剧为什么要配上笑声

人际关系的修复方法

序章　透视人际背后的心理秘密

我们为什么需要人际交往

生活在现代社会，人与人之间的交往较之过去显得更为紧密和复杂，但那些基本原则却始终没有变。哲学家约翰·杜威曾说，人类本质里最深远的驱动力就是“希望具有重要性”。他人的认同会让人们逐渐建立起自我价值，所以每个人都希望得到别人的认同。

剥夺人际交往机会的后果

有这样一个实验，你愿意参加吗？即每天给你 100 元钱，让你一个人待在一间房子里。这间房子没有窗户，房间里也没有钟表、电话、收音机、电视、书报、笔纸等，只有一盏油灯、一张床、一把椅子、一张桌子以及洗漱设备。传送带会按时给你送饭。在这样的一间屋子里，请问你能待多久？

先别急着说出你的答案，让我们看一下心理学家贝克斯顿等人进行的一项“感觉剥夺实验”。实验中给被试戴上一副半透明的护目镜，使其难以产生视觉；用空气调节器发出的单调声音限制其听觉；给其戴上纸筒套袖和手套，用夹板固定住腿脚，限制其触觉。

被试在被隔离 12、24、48 小时后，分别做了简单算术、字谜游戏和组词等测试，结果发现，被隔离的时间越长，被试的测试成绩就越差。有的人变得很难集中注意力，并容易激动，还有的人表现出紧张焦虑、情绪不稳、思维迟钝等症状，奇怪的是，有的人还出现了错觉和幻觉。仪器显示他们脑电波的活动速度比隔离前明显减慢。有的人在被隔离24小时之后，就因为无法忍受而退出了实验。

贝克斯顿的“感觉剥夺实验”表明，与外界环境保持广泛的接触是维持人们正常思维活动、生活状态的基础。只有通过社会化的接触，更多地感受和外界的联系，人才能更多地拥有力量，更好地发展。

动物心理学家曾用恒河猴做过一个同样著名的“社交剥夺实验”。心理学家将猴子喂养工作全部自动化，隔绝猴子与其他猴子或人的沟通。实验结果表明，与有正常沟通的猴子相比，缺乏沟通的猴子明显缺乏安全感，不能与同类进行正常的交往，甚至连本能行为也受到了严重的影响。

在人的智力发展方面，沟通也是必要的前提。人们在对因战争而独居深山数十年的特殊个案进行研究后也发现，沟通的缺乏对人们语言能力及其他认知能力都有不同程度的损害。对儿童来说，缺乏沟通机会会严重影响他们的智力发展。心理学家还发现，增加与早产儿的沟通，有助于他们更快地实现正常的发育。

丰富的、多变的环境刺激是人生存的必要条件，在被剥夺感觉后，人会产生难以忍受的痛苦，各种心理功能会受到不同程度的损伤。人是社会性动物，其自我意识和各种智能都是社会性的产物。人只有置身于社会环境中，通过社会获得支持性信息，才能不断修正和发展。反之，如果剥夺其与别人交往的机会，这个人的身心就会受到极大的伤害。

恐惧和不安引起亲和动机

放寒假了，在开往家乡的列车上，李娜一个人静静地坐着，但她并不孤独。因为半小时之后，她就和坐在对面的男孩聊上了。对方同她一样，是某高校的在读学生。交谈中李娜知道对方也喜欢文学，还曾在某家杂志上发表过几篇文章。共同的话题让漫漫的旅途不再孤独。11 个小时之后，当李娜要下车时，男孩帮她把行李拎下车，并和她交换了电话号码……

在生活中，人们之间交往的发生大部分是因为人们害怕孤独或深感力量单薄，有需要与他人在一起的渴求和愿望。人们希望通过交际获得心理上的平衡，这在心理学上被称之为交际心理的“亲和动机”。它是人类普遍具有的最主要的动机。

在现实生活中，每一个人都有与他人保持往来、建立联系、获取爱情和友谊的需要，都有与他人和与群体保持关系的愿望。但这些需要和愿望并不都是亲和动机。有些是一个人处于高度不安的恐惧状态时，希望同处境、地位、能力等与自己基本相当的人取得协作、建立友好关系的内心欲求。

在研究亲和动机的研究者中，沙赫特最为著名。他在研究了像囚徒和修道士那样长期处于和他人隔绝的孤立状态的人遗留下来的日记后，发现其中记载着许多他们难以忍受的精神的痛苦和心境的不安，由此他提出了“不安—亲和”假说，认为经历过不安的人会有强烈的亲和行为倾向。为了证实这一假说，他进行了一系列的实验。

沙赫特以 62 名女大学生为被试，并将她们分为实验组（32 人）和控制组（30 人）两组。

对实验组的被试，主试先让她们看一些令人生畏的仪器，并告诉她们将用这些仪器在她们身上做实验，实验会有电击，能使人痛苦但无伤害。

对控制组的被试，既不让她们看见仪器，也不告诉她们电击之类的事。

然后告诉两组被试，实验开始之前要提前几分钟到实验室等候，可以独自到实验室等候，也可以与别的同学结伴到实验室等候。

每个人都需要做出选择：独自等候还是结伴等候。

实验到此结束。

实验结果是，实验组 32 人中有 20 人选择结伴，占 62.5%；控制组 30 人中只有 10 人选择结伴，占 33.3%。这个实验结果说明，越是在焦虑、恐惧的情境下，人们合群或亲近他人的倾向越强烈，处于高度恐惧中的人比低度恐惧的人亲和需要强烈。

由此似乎可以推断出，人们合群是为了减少恐惧。由于这一实验本身并不能直接证实这一点，沙赫特又设计了一个实验。这一实验和前述实验基本相同，只是增加了一条指令，即选择和他人一起等候的被试不许和他人交谈，目的是剥夺被试通过交往消除恐惧的机会。结果，当被试被禁止和别人交谈时，他们大都选择了独自等候。这充分说明，人们确实是为了消除恐惧感而和他人在一起的。

那么，为什么不安和恐惧容易引起亲和动机呢？沙赫特认为，这与人处于不安和恐惧状态时对自己的评价有关。当一个人处于不安和恐惧状态时，往往不能对自己做出适当的评价，于是希望通过与处境、地位、能力相当的人的比较来对自己做出适当的评价，从而选择适当的应对行为。

沙赫特等人的研究还发现，出生顺序与人亲和动机的强度也有关。长子、长女、独生子女的亲和动机的强度较大，在恐惧情境中愿意更多地亲近他人，排行老二及以后者其亲和动机的强度较小。

人类在整个社会活动中都会在不同程度上表现出亲和动机倾向，因为人类社会的发展离不开人与人之间的团结友爱、扶持和帮助。亲和动机强烈的人，对朋友、家庭、团体充满向往，并渴望同人们建立一种充满友情的关系，渴望成为一个群体中的一员，渴望友谊、被别人关爱、不受排斥。

实践证明，我们从事任何工作，或者实现个人的某种目的，都离不开他人的支持，都需要与他人的亲和行为。

成就动机与人际成效

小周现在是一所师范学院公共英语课的老师。大学期间，为了能留校，她一直勤奋学习，积极锻炼口才，努力充实自己。同时，她积极处理与各位院领导以及任课教授的关系。周末时，总不忘给教授们打电话问候一声；逢年过节，总不忘拎着礼品看望各位领导。学校老师对她的印象不错，她很快进了院学生会。在学生会，她继续自己一贯的表现，受到了大家的好评。领导非常器重她，把她当作重点对象培养。毕业那年，由于领导的大力推荐，她终于如愿以偿留了校。

从心理学的角度分析，小周的行为并不为过。她的交际动机不乏广结朋友的动因，但更多的是受到了成就动机的影响，结果她也收到了预期的效果。心理学家认为，动机影响行为，有成就动机的驱动，就有成功的可能。

心理学家麦克莱兰为了测量人成就欲望的高低，运用了主题统觉检查法，即 TAT 法。如将 3 ～ 6 张图画逐一拿给被试看，然后让被试根据画面展开联想，编成故事。他要求被试讲述如下内容：画中的人物是谁，他在干什么，在此之前发生过什么事情；画中人物考虑过什么，有何愿望；今后将会发生什么事情。通过分析被试编造的故事，看其是否包含着麦克莱兰所需要了解的问题，如是否有为了实现目标而进行奋斗的愿望，并据此来判断被试成就动机的强弱。

实验结果表明，成就动机强的人，在学习中能够不断进步，而成就动机弱的人，在学习中则没有取得明显的进步。成就动机对人们的交往也有明显的影响。成就动机强的人，为了取得事业的成功，乐意与人交往，特别是与学有所成、富有才识的人交往；并且在与人交往中首先会明确告诉对方与之交往的目的，毫不隐讳地向对方提出自己的希望和要求，从而实现追求成功的愿望，满足自我发展。但是，这类人在与人交往的过程中，由于过分看重自我价值的实现，难免有个人至上的思想意识，表现在过于以自我为中心，甚至有损人利己的不道德行为，这种行为不仅不利于成就个人的事业，也不利于人际关系的发展。

在人际交往中，如何才能培养和激发成就动机呢？

（1）要树立信念和理想。人的需要是多层次的，因此人的动机也有等级性。成就动机的最高等级是信念和理想。每个人都必须树立坚定的信念和崇高的理想，并以此来激发自我的成就动机，支配自己的一切行为。要培养和激发成就动机，就必须从这个根本问题开始。

（2）要拓宽视野，博采众长，不断充实和丰富自己。我们不能拘囿在狭小的天地里，将自己变成井底之蛙。卓有成就的人，除了有较好的修养，还必须具有渊博的知识和极强的能力。要成为这样的人，就必须努力学习、多方交际。通过学习尽可能多地掌握新的知识，通过横向、纵向多方位的联系，改善自己的知识结构；同各种人交际，从别人那里获得丰富的有价值的信息，改变自己陈旧的观念。开阔视野、掌握自己、发展自己，这样就能激发成就动机。

（3）创造有利于激励自己奋发向上的人际环境。环境对人成就的影响是不可忽视的，有的能给人以奋发向上的力量，有的则会使人萎靡不振。良好的环境就像一座熔炉，可以融合人的动机，具有巨大的吸引力；不好的环境会引起人的惰性，中断新的追求。如果能同目标远大、知识丰富的人交际，就会取人之长，补己之短，不断强化自己的成就动机，造就崇高、慷慨、睿智的美好品格，成就事业就大有希望。

从追求成功的观点而言，一般人所设定的追求目标不外乎两种：一个是学习目标，另一个是表现目标。

惯于设定学习目标的人，他的追求目标事实上有两个层面：一是追求工作的成功，二是追求自我成长，从工作经验中学习到知识与技能。在面临选择成败未知的工作时，这种人倾向于选择较难的工作。困难的工作成功了，自然会有成就感；即使失败了，仍然能从中学到知识与技能。通常以“失败乃成功之母”自励者，正是此意。

惯于设定表现目标的人，在心理上追求的并非工作的成功，而是意在借工作表现博取别人的好评。在面临选择成败未知的工作时，这种人倾向于选择最容易或最困难这种两极性的工作。因为最容易的工作只有在保证成功后，才能获得别人的赞许；最困难的工作成功率极小，成功了将成为英雄，即使失败了也会获得别人的原谅。因此，一个人选择什么样的行为，是挑战还是保守，不能仅以成就动机高低判断。

赞许动机对人际活动的影响

赞许动机，是指交往的目的是得到对方的鼓励和称赞，获得心理上的满足。人的赞许动机有强弱之分。美国心理学家克劳斯和马斯洛创造了一种测试人赞许动机的方法：他们让被试用 25 分钟时间去做一件奇怪的事情，即把 12 个卷轴机一个一个、机械地放进小盒子，然后再把小盒子倒空，重新再放。试验结果表明，赞许动机强的人，常常为了取得他人或集体的欢乐、赞赏而努力工作或顺从他人。

赞许动机对人际交往活动的成败有直接的影响。赞许动机实质上是一种取得同伴、组织及社会承认、尊重、赞扬的需要，是一种激励机制。

心理学家赫洛克曾做过一个十分有意义的实验：他把 106 名能力相当的被试分为 4 组，第一组为表扬组，每次练习后都给予表扬和激励；第二组为批评组，每次练习后都严加训斥；第三组为忽视组，每次练习后都不予评价，只是在一旁静听前两组所受到的批评与表扬；第四组为控制组，既不给予任何表扬与评价，也不让他们听到前两组受到的表扬与批评。然后让被试做一组难度相等的练习题，每天做 15 分钟，共做 5 天。之后分别检测四组被试的学习效果，结果发现受表扬组的被试的学习成绩明显高于其他组，其次是受批评组，再次是被忽视组，最差的是被控制组。

这个实验有力地证明了赞许动机的作用。在社会交往中，恰当地运用赞美会收到很好的效果。我们在工作和生活中，也常常能体会到这一点，那些经常受表扬和鼓励的人，赞许动机强，相对潜能发挥就大、劲头就足，工作就会不断地取得成就；受到恰当和善意批评的人也会迎头赶上，获得次之于受表扬的效果；如果一个人不为他人所了解，被组织忽视，受到冷遇，那么他就会产生严重的自卑感，对集体漠不关心，做一天和尚撞一天钟，他们无自主意识，无论干什么都由别人来支配。

在生活中，人人都喜欢被别人赞美、赢得别人的重视和恰到好处的赞许，因为它可以满足人们得到理解、信任的心理需求，使交往双方产生好感、喜爱和吸引，使人接近和合作，并取得一致行动。赞美得当，能够增强人的上进心和责任感，激发人们积极向上的情绪和情感。赞美不得当，不仅不能起到应有的作用，还使人生厌，不利于人际关系的开展。

近代画家张大千先生留了一把漂亮的胡子，人称“美髯公”。因而有人只知赞美他的胡子，反而不提他在艺术上的造诣，为此他甚感不悦。有一次，一群慕名者又在大加赞美他的胡子，他终于忍不住说了这样一个故事。

三国时期，孔明六出祁山，希望找一位主帅。张飞的儿子张苞与关羽的儿子关兴争相为帅。孔明难以决定，便要他们二人各自称赞自己父亲的功劳，以为标准。张

> 芭说：“我父亲大呵长坂坡，斥退曹操的兵将，义释严颜；在百万大军中取上将首级，更如探囊取物。”关兴因为口吃，一直想说父亲关羽的事迹，但又说不出来，只结结巴巴地说：“我父亲的胡子很长。”这时关羽在云端显灵，生气地大骂：“小子，你父亲过五关斩六将，诛文丑，斩颜良，一世的英名，你不知道赞美，只说胡子很长。”

看来赞美还真是一门学问，因为赞美不当，才有此笑话。所以，赞美要适时适地、合乎时宜，否则就会令人生厌。

赞美无须刻意修饰，只要源于生活、发自内心、真情流露即可。但要更好地发挥赞美的效果，也需要注意以下几个要点。

1. 赞美要注意适度

过度的赞美、空洞的奉承，会令对方感到难以接受，甚至感到肉麻、讨厌，结果适得其反。只有适度的赞美才会令对方感到欣慰。适度因人、因时、因事、因地而异，需要不断摸索积累，逐步掌握。

2. 赞美要实事求是，措辞恰当

当你准备赞美时，首先要掂量一下，对方听了是否相信，第三者听了是否不以为然，一旦出现异议，你有无足够的理由证明自己的赞美是有根据的？

一位老师赞美学生：“你们都是好孩子，活泼、可爱、学习认真，做你们的老师，我很高兴。”老师的话十分恰当，可以使学生们既努力学习，又不会骄傲。但如果这位老师说：“你们都很聪明，将来会大有出息，比其他班的同学强多了。”效果就大不一样了。

3. 赞美要具体、深入、细致

抽象的东西往往不具体，难以给人留下深刻印象。如果称赞一个初次见面的人“你给我的感觉真好”，那么这句话一点作用都没有，说完便过去了，不能给人留下任何印象。但是，倘若你称赞一个好推销员：“小王这个人为人办事的原则和态度都非常难得，无论给他多少货，只要他肯接，就绝对不用你费心。”那么由于你挖掘了对方具体的优点，给予赞扬，增加了对方的价值感，赞美就会起到很大的作用。

4. 可借用第三者的口吻赞美他人

赞美随时随地都能听见，面对面或直接地赞美对方，总有点恭维奉承之嫌。若换个角度，换种说法，也许就好多了。以“第三者”的口吻来赞美对方，如：“难怪某某一直说你很不错，今日一见……”可想而知，对方一定很高兴。当面赞扬一个人，有时会令人感到虚假，怀疑你是否出于真心，而间接地赞美对方，会使对方感到你对他的赞扬是真诚的。

5. 赞美要热情

漫不经心地对对方说上一千句赞扬的话，也等于白说。缺乏热情的空洞的称赞，不仅不能使对方高兴，有时还可能由于你的敷衍引起对方的反感和不满。

6. 用赞美来鼓励

鼓励能让人树立起自信心，用赞美来鼓励对方，能达到事半功倍的效果，尤其是“第一次”。无论任何人干任何事情，都有第一次，如果对方第一次干得不好，你真诚地赞美一番：“第一次有这样的表现已经很不容易了！”那么别人会因为你的赞美而树立信心，下次自然会做得更好。

投资感情比投资金钱更能征服人心

李强与王刚在一起工作了多年。李强在工作中表现平平，虽然工作了七八个年头，但仍是一个小职员；而王刚则能力很强，成绩突出，如今已是销售部经理。两个人在工作中没有什么来往，私底下也仅是点头之交。

有一次，王刚因为涉及一个重大变故，而受到董事长的冷落，被从销售部经理的位置上降了下来。祸不单行，王刚的母亲又因心脏病突发去世了。双重打击使王刚感到格外悲凉。

李强很同情王刚的境遇。在他母亲下葬的那一天，李强主动过来帮忙，负责收礼的工作。当时正是寒冬腊月，北风大作，其他同事都躲进了屋里，只有李强一直在外面帮忙处理各种事情。

这让王刚很意外，也很感动。他发现真是患难见真情，李强的形象在他心中突然高大起来。从此，李强与王刚过从甚密，王刚一改以往的态度，也常主动帮助李强。

1 年以后，王刚在公司东山再起，因为做了突出的贡献，他重新当上了销售部经理，不久又迅速升任总经理。他忘不了李强在他患难时的帮助，就提拔李强为销售部经理。

人非草木，孰能无情。无论一个人外表多么强硬，内心深处都一定有情感的需要，都希望从别人那里得到关怀、体贴和重视。物质满足替代不了人的情感需要，甚至有时候，情感需要比物质需要更重要。

不少人存有一种幸灾乐祸的心理，看到别人过得比自己好，就不舒服，看到人家过得不如意了，他反倒高兴了。这种人很容易被别人厌恶。相反，如果一个人忧他人所忧，乐他人所乐，对别人富有同情心，并在患难时伸出援助之手，就很容易征服对方的心。

现在人们常说感情投资，因为在人际关系上，投资感情往往比投资金钱和利益更能征服人心。帮助人是一种投资，你帮了别人，别人自然对你心存感激，你的举手之劳可能会换来别人的感恩戴德。因而，你若想改善人际关系，不妨找机会帮别人一个忙；你帮助的人越多，你得到的也就越多。

古话说，得人心者得天下。许多领袖人物深谙此道，所以他们能够让许多人才为己所用。他们懂得通过情感的投资，将人才笼络在自己麾下。

在人际交往中，感情投资十分重要。那么在生活中我们该怎么做呢？下面是一些感情投资的小技巧。

1. 记住对方的生日

记住别人的生日，在他们生日的那天，给他们寄去一张生日贺卡，或送上一束鲜花，或是为他们举办一场小型的生日宴会，其效果必定非常好。这种在别人情感上引起的震颤，是金钱所无法比拟的。

2. 给别人一些特殊的对待

人都希望别人重视自己，待自己与众不同。因此，当你给别人一些异于常人的对待，稍多一点的好处，让他感觉到特殊的话语和行为时，就会引起对方的好感。比如，情人眼里的一丝特殊的闪亮，话语中渗透的特别语调，都会令对方心旷神怡。

赢得别人好感的一个重要方法就是给人一些特殊的对待。这种特殊不在于实质的多少，只在于对方感觉你待他与众不同。

3. 表现浓厚的人情味

多年前，王松只身一人去广州一家公司打工。元旦那天，王松独处一室，心中泛起阵阵酸楚。正在此时，他的BP机响了。回电话后，发现原来是公司的赵总。赵总邀请王松到他家去过元旦，王松当时就非常感动，一个打工仔，能受到经理如此的关心，他怎能不努力工作呢？

事情虽小，却充满了浓厚的人情味。人人都喜爱有人情味的人。人情味还表现在做人的灵活性上。有些规则是死的，但人是活的，大家都讨厌那些像铁板一块，过分拘泥于条条框框，而不知适当通融的领导。优秀的领导应善于将规则和人情恰当调和，很多问题当你从人情味的角度去考虑，就会得出不同的结论。

4. 向他人吐露一点秘密

向他人吐露一点秘密，别人马上会觉得你信任他。因此，为了表明你对别人的信任，不妨有意透露一点小秘密给他，这样他会感觉你把他当自己人，从而对你更加忠心和信任。

很多时候，情感是大多数人的软肋，是“阿喀琉斯之踵”，是人最容易攻破的地方。只要感情投资运用得当，你就会收到意想不到的效果。

得到他人好处，我们会感到有回报的义务

古人云，“投我以木桃，报之以琼琚”。这句话比喻相互赠答或友好往来，我们在生活中也常说“投桃报李”。的确，礼尚往来自古就是天经地义的事，到底是什么原因让我们在得到他人好处的时候，非要做点什么作为回报呢？

心理学研究指出，人们的回报心理源于人在接受他人好处后，产生的难以忍受的负疚感。著名家庭治疗师海灵格说：“当我们接受了某人的某些东西时，我们就会觉得内心有愧，从而有所牵挂。当我们接受的时候，我们就会感激付出者，会感到欠了他的情。这些义务让我们感到周身不适、压力重重，并试图通过回赠一些东西来消除它。”为了使自己尽快从这种心理重压下获得解放，人们在接受他人好处后，乐于给出与自己收获到的同样多、甚至多得多的付出作为回报，以减轻负疚感。当我们有意或者无意地帮助别人的时候，往往会得到别人加倍甚至更多的回报。

《与百万富翁对话》的作者迈克就懂得利用这一原理，迈克回忆说：“大约是在 1994 年，我注意到，收到我送的一大盒子歌帝梵（Godiva）巧克力作为致谢礼物的那些客户，经他们介绍来的新客户的数量，要比其他人多得多。接受过我的巧克力的客户，比没有接受过我的美味礼物的客户，介绍过来的人要多出 40% 以上。实际上，早年在我的‘巧克力行动’之前，我的大部分客户压根不会给我介绍任何新客户——我还要说，这种情况在当时是很正常的事情。”

馈赠别人礼物是收买人心、让别人回报我们的一个重要秘诀。不过，请注意“礼物”的概念并不一定都是有形的物品，关

注、热情和赞美有的时候能取得更好的效果。马克·吐温在他的小说里写过这样一个精彩的故事：

“我时时刻刻想起在直布罗陀买手套那件事。店里有位非常漂亮的小姐，递给我一副蓝手套。我不要蓝的，她却说，像我这种手戴上蓝手套才好看呢。这一说，我就动了心。我偷偷看了一下手，也不知怎么的，看起来倒果真相当好看。我左手戴上手套试试，脸上有点发烧。一看就知道尺寸太小，戴不上。

“‘啊，正好！’她说道。

“我听了顿时心花怒放，其实心里明知道根本不是这么回事。

“我尽力一拉；可真叫人扫兴，竟没戴上。

“‘哟！我瞧您戴惯了羊皮手套！’她微笑着说，‘不像有些先生戴这手套就是笨手笨脚的。’

“我万万没有料到竟有这么一句恭维话。我只知道怎么戴好羊皮手套。

“我再使下劲，不料手套从拇指根部一直裂到掌心去了——我还拼命想遮掩裂缝。她却一味大灌迷汤，我的心也索性横到底，宁死也要识抬举：

“‘哟，你真有经验！’（手背上开口了。）

“‘这双手套对您正合适，您的手真细巧，万一绷坏，您可不必付钱。’（当中横里也绽开了。）

“‘我一向看得出哪位先生戴得来羊皮手套。这样戴真大方，只有老资格才戴得来。’（照水手的说法，这双手套的全部后卫都“溜”了，指节那儿的羊皮也裂穿了，一双手套只剩下让人看了好不伤心的一堆破烂。）

“我头上给戴了十七八顶高帽子，没脸声张，不敢把手套扔在这天仙的纤手里。”

……

最后，这位漂亮的小姐成功地把并不合适的手套卖给了马克·吐温。这就是成功的营销策略，先付出“体贴的热情，周到的服务，热情的夸奖”把你套牢，然后，让你在不知不觉中为你自己的所作所为“埋单”，这也是人际交往中的“黄金法则”。

懂得适当的“施恩”让对方感激，进而达到自己的目的，交际高手都会有意无意地利用这招。当自己有“理”的时候，记得让别人“三分”，他人会更加感激你的做法，此时的理让三分，能最大限度地给自己积攒人情。

年轻时候的洛克菲勒，空闲的时间很少，所以他总是将一个可以收缩的运动器——就是一种手拉的弹簧，可以闲时挂在墙上用手拉扯的——放在随身的袋子里。

有一天，他到自己的一个分行里去，这里的人都不认识他。他说要见经理。一个傲慢的职员见了这个衣着随便的年轻人，便回答说：“经理很忙。”洛克菲勒便说，等一等不要紧。当时待客厅里没有别人，他看见墙上有一个适当的钩子，洛克菲勒便把那运动器拿出来，很起劲地拉着。弹簧的声音打搅了那个职员，于是他急忙跳起来，气愤地瞪着他，冲着洛克菲勒大声吼道：“喂，你以为这里是什么地方啊，健身房吗？这里不是健身房。赶快把东西收起来，否则就出去。懂了吗？”

“好，那我就收起来罢。”洛克菲勒和颜悦色地回答着，把他的东西收了起来。5分钟后，经理来了，很客气地请他进去坐。

“这下糟了！”这个职员想，他觉得自己在这里的前程肯定是断送了。洛克菲勒临走的时候，还客气地和他点了点头，而他则是一副不知所措的惶恐样子，他觉得洛克菲勒肯定会惩罚自己，忐忑不安地等待着处罚。

但是过了几天，什么也没有发生。又过了一星期，也没有事。过了三个月之后，他忐忑不安的心才慢慢平静下来。但是，他却比以前更加努力地工作，也能用更宽容的心胸来待人了。

《与百万富翁对话》的作者迈克说：“当受施者接受我的礼物时，他会立即无意识地进入一种对等的心理互换状态。确实如此。当受施者接受我无条件的礼赠后，他会立即像被编了程序的机器人一样，迫切地去寻找一种可以等价的回报于我的途径。”

人类这种看似不可思议的行为正是受到了回报心理的支配。在与人交往的时候，我们要善于利用这一心理定式，更要在适当的时候给对方留足面子，因为当你给他台阶的时候，对方一定会想方设法地回报回来，并且比你预期的更多。

每个人都希望得到他人的认同

销售部经理王强生病了，总经理去医院看望他，并带了一束鲜花。寒暄几句之后，总经理关切地说：“小王，你不在的这段日子里，我觉得力不从心，特别忙乱，你们销售部门可是我们公司的生死线啊！我实在是需要你带着大家往前冲！我现在更加深刻地意识到，你是我的左膀右臂，公司不能没有你！你呢，也别着急，身体要紧，最重要的是好好养病，早日回到我身边！”

这一番话，句句都说到了王强的心坎里，使他觉得自己“很重要”，自己的部门“很重要”。出院后，王强工作的劲头更足了。他马不停蹄地扩大销售队伍，培训新进员工，维护老客户的同时积极开发新的客户资源。不到3个月的时间，销售部门的业绩竟然翻了一番。

这位总经理确实懂得领导之道，更重要的是他掌握了人际交往的第一秘诀：认同他人。其实，每个人都像王强一样，内心深处希望得到他人的认同，这是正常的心理现象。

1943年，心理学家马斯洛在《人类激励理论》中提出了人类需求层次理论。他把人的需求分为生理需求，安全需求，归属和爱的需求，尊重需求，自我实现需求。当一个人满足了生理、安全和个人归属的需求之后，就会产生获得尊重的需求，也就是我们所说的被人认可，得到他人认同。在我们接触到的范围之内，认同大致可以分为两种：一种是自我认同，指个人对自己的认知、感觉、状态的肯定；另一种是他人认同，也就是他人对自己的肯定。

很多人都会这样问自己：“我是不是个好妈妈？”“我是不是个好伴侣？”“我是不是个好员工？”每个人都在评估自己，评估自己的表现是否符合他人的期待，是否得到了他人的认同。一生之中我们的身份不断变换：父母的孩子、老师的学生、某人的丈夫（妻子）、孩子的父（母）……角色不停在变换，但认同感对我们的作用一直没变，我们总在努力地扮演这些角色，希望能够得到他们的肯定，因为这对我们至关重要。

卡耐基曾经讲过这样一个故事：

有个农妇在劳累了一天之后，为干活的男人准备了一堆干草作为晚餐。男人被激怒了，问她是不是疯了？农妇平静地答道："我怎么知道你会在意呢？我给你煮了20年的饭，你从不吭声，我怎么知道你不吃干草呢？"

人人都希望付出得到回报，都希望被肯定、被赞美，农妇20年的付出没有得到肯定，她自然心生不满。因此，卡耐基说："当我们想改变别人时，为什么不采用教导犬类的方式来进行呢？为什么不用肉片取代皮鞭？为什么不以赞赏代替责备？即使一点点进步，我们也该赞赏。因为，那样才能激励别人不断地提升自己。"

既然知道了人们的心理需求，我们就要在人际交往过程中，尽量满足他们的心理需求。就拿与陌生人交往来说，第一次见面，怎样能让别人感觉到你对他的关注呢？直接打招呼或者表现出对他非常热情？其实，最有效的一招是记住别人的名字。

政治家们深谙此道，他们善于用记住他人名字来收买人心。政治家们的信条是：记住选民的名字是政治才能，记不住就是心不在焉。西奥多·罗斯福总统在离任两年后再次访问白宫，白宫内所有的人，他都叫得出名字来，连厨房的小妹也不例外。拿破仑三世也曾经得意地说，即使他日理万机，仍然能够记得每一个他所认识的人的名字。

人们对自己的名字最敏感，听到别人亲切地叫自己的名字时，会产生温馨、亲切的感觉，觉得自己被人重视，觉得自己“很重要”。如果觉得自己“很重要”，人们就会努力展现自己更加美好的一面，有时候，激励和赞美能够达到这种效果。

美国有位总统，他的秘书打印文件总是出错。这一天，秘书又把一叠打印好的文件拿给他时，总统注意到她今天的衣服非常漂亮。于是对她说：“你这件衣服很漂亮，你真是位迷人的小姐。只是我希望你打印文件时注意一下标点符号，让你打的文件像你一样可爱。”总统的这次批评让秘书印象非常深刻，从此她很少出错。

这就是总统的高明之处，这位世界上最有权势的人之一在下属犯错误时依然能如此委婉、客气，正是因为他深知人性的“弱点”：每个人都希望得到他人的认同，犯错误时也不例外。即使是批评他人，最好也要先肯定他们的优点，这样才能达到最佳的说服效果。如果总统以盛气凌人的口吻呵斥：“怎么连标点符号这种小事都搞不清楚，你还怎么当我的秘书！”只能让对方反感，而达不到纠正错误的目的。

尊重会让他人产生被认可的感觉，这往往会让我们的人际关系更上一层楼，在发生矛盾或者观点不一致的时候，尊重的力量会让人们之间的关系更加富有弹性，也更加紧密。

李开复曾经讲过这样一件事：读博士的时候，他跟导师做一个语音识别的题目。但是，一年之后，他发现虽然导师给他的题目很好，但解决问题的建议是行不通的。于是，他鼓足勇气跟老师说想换一种方法。李开复的导师是一位世界级的导师，得过图灵奖，听了他的话之后，非但没有生气，反而说：“我不同意你，但我支持你。”李开复把这句话作为在美国留学得到的第九个礼物，从此之后，他更加尊重自己的导师了。选择是双向的，你给予别人尊重和自由，人们就会反过来更加敬重你，这一点对我们处理人际关系大有裨益。

生活在现代社会，人与人之间的交往较之过去显得更为紧密和复杂，但那些基本原则却始终没有变。哲学家约翰·杜威曾说，人类本质里最深远的驱动力就是“希望具有重要性”。他人的认同会让人们逐渐建立起自我价值，所以每个人都希望得到别人的认同。这是人际交往的特殊游戏规则，遵守这些规则，最大限度满足他人的心理需求，会让你在这游戏中受益无穷。

通过模仿成功者复制成功

年少时的安东尼·罗宾，家境并不富裕。17岁的他，高中还未毕业就出来工作了，他摆过地摊，当过餐厅服务员，跑过推销……最后在一家银行做洗厕所的工作，那时候他全部的家当就是一辆价值900美元的二手旧车——“金龟车”，他极其渴望能够改变这种生活。

终于有一天，他的一个朋友跑来告诉他，有一种课程非常有效，可以帮助他脱离困境，那就是吉米·罗恩——一位潜能大师的课程。当时课程收费是1200美元，这对于一个总共只有900美元家当的安东尼·罗宾来说，简直太贵了！

他找到吉米·罗恩，希望能够降低学费。吉米·罗恩是当时全美国最顶尖的激励大师，他当然不会让安东尼·罗宾的借口帮他达到目的。当他找完借口之后，吉米·罗恩说：“如果你能弄到1200美元来上我的课，这比课程本身更有价值！”于是，安东尼·罗宾下决心一定要找到1200美元来上课。但是，如何才能找到钱呢？所有朋友都不相信他，他只好跑去找银行贷款。

到了银行信贷部，经理说你未满18岁，没有父母担保，没有汽车担保，没有房子担保，又没有正式工作，所以没办法借给你。被一家拒绝，被两家拒绝，最终他被46家银行拒绝了！正在他一筹莫展、穷途末路的时候，他所工作的那家银行经理，听说了他的事情，被他的执着感动，自掏腰包，借给他了1200美元，他才得以顺利完成那次难得的学习。

正是这次培训彻底改变了安东尼·罗宾之前的那些观念，他惊奇地发现：每个人内心，都蕴藏着无限的潜能，都会成为一名充满自信的成功者。

于是，他追随吉米·罗恩大师研读NLP（神经语言程序学），学习成功学理论和演讲艺术，很快成长为吉米·罗恩大师手下一名杰出的潜能训练师，并开始了自己的成功之路。

正是结识了吉米·罗恩，才成就了安东尼·罗宾今日的辉煌。站在巨人的肩膀上，才能走得更远。与成功者同行，才能够避免走许多弯路，以最快的速度到达成功的彼岸。成功者不经意间就能够影响到我们，他们与普通人最大的区别就是他们拥有一定要成功的强烈信念，而且不可动摇。

每个人都有成功的权利，安东尼曾经说过：“别人能够做到的，你同样也能够做到。”其中的一条捷径就是模仿。社会心理学家认为，人们日常生活中 95% 以上的经验、成功者行为处事 95% 以上的方式方法，都是靠模仿别人而得来的。

约翰·格林德是世界最负盛名的语言学家之一，理查德·班德勒是一位数学家、完形心理学家和电脑专家，他们二人合力进行了一项模仿他人的研究，对象是那些在多方面都甚有成就之人，比如催眠大师埃里克森、家庭治疗师萨提亚和人类学家贝特森。他们研究发现：萨提亚能轻易地建立人际关系，而她的其他同行却不行。

于是，他们找出她特有的模式，并教学生使用。即使他们没有任何职业经验，这些学生也能做出与萨提亚相比毫不逊色的成绩来。于是，格林德和班德勒将成功者成功的程序总结出来，并精炼成一套切实可行的技术，复制成功，让普通人也能取得卓越的成就。

研究成功人士的做事方法并严格付诸实践，就能达到既定的目标，成功总是有迹可寻的。比如，很多梦想成为出色领导者的人都会借鉴张瑞敏、松下幸之助等杰出管理者的管理经验；很多梦想发财致富的人都会借鉴巴菲特、彼得林奇等投资大师的投资策略……

在社交领域，我们更应该向“大师”们学习，研究他们的处世哲学、待人接物的方式，乃至模仿他们的一言一行。

到底哪些人是“大师”呢？当然，你可以向卡耐基这样世界级的人际关系大师学习，也可以跟某些领域你所崇拜的权威学习，还可以跟身边的朋友们学。无论是谁，只要他们身上有你需要的，就能成为你学习的对象。

比如，某个聚会上，你与某人初次见面，你的目光便不自觉地被他牢牢吸引住，而且渐渐对他产生了好感。这时，你就要留心观察他，看看他身上哪点这么吸引人，自己怎样才能变成跟他一样的人。

也许是因为他身上散发出来的与众不同的气质，也许是他不卑不亢的态度，也许是他有亲和力的笑容，也许是他优雅、恰当的身体语言，也许是他抑扬顿挫的语调。如果你发现，他特别有吸引力的地方是，在谈话时从来不会直接反驳别人，而是在别人说完之后恰当地说："我十分赞同你的观点，对于这个问题，我的看法是……"又或者，他与众不同的地方是，无论何时他都保持着谦虚的态度、饱满的精神和可亲的微笑。那么，你在社交场合中就要改掉自己面无表情的缺点，代之以温和的微笑，以增加自己的吸引力。

美国管理学者华德士提出，21 世纪的工作生存法则就是建立个人品牌。我们在人际交往中也要形成自己的风格，树立自己的个人品牌。社交生活为我们提供了一个最好的学习平台，靠着与成功者的交流，我们能够学习他们的思维模式、成功经验，甚至细微的小优点。这些东西被整合之后，我们自然能够创造自己的成功。

第一章　美丽比介绍更具推荐力

人际关系从“相遇”开始

人们在对他人的仪表进行观察时总是倾向于美好的东西，如仪表堂堂、风度翩翩、衣着整洁的人，会给人留下好的印象，而相貌丑陋、蓬头垢面、衣衫不整的人，会给人留下不好的印象。

认识他人的“社交知觉”的形成

小琳即将大学毕业，她听人说某公司正在招人，自己对那家公司的印象还不错，考虑到自己所学的专业和个人素质，小琳觉得那家公司比较适合自己，成功的机会很大，于是发出了求职信。过了几天，公司通知她去面试，小琳精心打扮了一番，然后信心十足地来到公司。可是，面试的情况很糟，经理问了很多刁钻古怪的问题，让小琳觉得很难堪，更有甚者，经理竟然对女性公开表示了歧视，还对她说，公司一般不招女员工。面试后，小琳感到被聘用的希望不大，同时也对经理和公司产生了意见，认为经理是个很尖刻的人。然而，过了一段时间，公司居然通知她去上班了，而且还安排了一个不错的职位。在工作中，她又发现，原来经理是个很和蔼的人，对她也很尊重。

为什么小琳对经理的印象会前后判若两人？其实，这就是由于认知过程的复杂性造成的。

在社会心理学中，将认识他人的过程称之为“社交知觉”，即指个体在与他人的交往过程中，根据对方的外部特征，对其心理状态、行为动机和意向等内在属性做出推测和判断的过程。社交知觉是十分复杂的，因为人与人的接触过程中，相互知觉的内容，既包括对外显成分的直观感觉，如身高、体形、长相、性别、年龄等，又包括对内在心理状态、心理意向和个性心理特征的推测和判断。然而，由于人们之间相互接触的情境不同，知觉的动机和内容往往会有所不同。例如，两个人初次见面，开始往往只注意对方的衣着、相貌、动作、语言等，通过一段交谈之后，相互比较熟悉，就会注意了解对方的兴趣、爱好等其他的一些情况。但是，如果这两个人在不同的场合下相遇，如在行走的路上或是在火车上，那么他们彼此注意的动机和内容是会有区别的。一般说来，人们之间有目的地进行交往时，随着接触次数的增多，相互知觉会越来越深刻。反之，相互知觉就比较肤浅。

社交知觉按知觉对象的不同可分为对他人知觉、自我知觉和人际知觉三种。

1. 对他人知觉

对他人知觉是指个体在社会交往中通过与他人接触，观察其外部特征、了解其内心世界的过程。对他人知觉主要有仪表的观察、表情的观察和个性的推断等。对他人外部特征的观察是对其内心世界判断的依据。

2. 自我知觉

自我知觉是个体在社会交往活动中自己对自己的行为特征进行观察和判断的过程。自我知觉所形成的印象称为自我印象或自我概念。

3. 人际知觉

人际知觉是在社会交往过程中，个体对人与人之间相互联系、相互作用的观察和判断过程。社会交往是人际知觉产生的前提，人与人在相互交往过程中彼此观察、判断双方的关系，有助于个体决定自己的行为策略。

人际知觉的主要特点是有鲜明的感情色彩，如对某些人反感就采取疏远的策略，对某些人喜欢就采取亲近的策略。在人际知觉中产生的情感受多种因素的制约，但空间距离较近、交往次数较多、心理和行为特征相似、能相互补充的个体之间容易产生好感和友谊。

人际知觉通常表现在两个方面，一是对自己与别人的相互联系和相互作用的知觉，二是对别人与别人的相互联系和相互作用的知觉。

塔旧里曾对人际知觉进行了一个实验：他把 10 个互不相识的被试组成一个实验小组，首先，要求每个被试畅所欲言，并和其他被试自由交往、自由谈论，从而使所有被试之间建立联系、增进理解。其次，通过问卷调查了解彼此间的人际知觉。问卷通过“小组中你最喜欢谁”和“小组中谁最喜欢你”的问题，了解成员的人际知觉认识是否正确，用被选双方认识是否一致作为判断标准。如果甲最喜欢乙并认为乙同样最喜欢自己，乙也最喜欢甲并认为甲同样最喜欢自己，那么甲和乙的人际知觉是一致的，对双方关系的认识是正确的。反之，若双方的人际知觉不一致，则对双方关系的认识是错误的。问卷还通过“小组选组长时你选谁？谁会当选？”的问题，了解成员对别人与别人的相互联系和作用的知觉。如果甲推选乙，并认为乙能当选，而其他 8 个成员也都推选乙，就证明甲对人与人之间的知觉是正确的。

陌生人和熟人的不同标准

一个新闻系的毕业生正急于找工作。一天，他到某报社对总编说：“你们需要编辑吗？”

“不需要！”

“那么记者呢？”

“不需要！”

“那么排字工人、校对呢？”

“不，我们现在什么空缺也没有。”

“那么，你们一定需要这个东西。”说着他从公文包中拿出一块精致的小牌子，上面写着“额满，暂不雇用”。总编看了看牌子，微笑着点了点头，说：“如果你愿意，可以到我们广告部工作。”

这个大学生通过自己制作的牌子，表现出了自己的机智和乐观，给总编留下了良好的“第一印象”，引起了对方极大的兴趣，从而为自己赢得了一份满意的工作。

当我们进入一个新环境，参加面试或与某人第一次打交道的时候，常常会听到这样的忠告：“要注意你给别人的第一印象！”

第一印象，又称为初次印象，指两个陌生人第一次见面时所获得的印象。在与他人交往时，人们对他人的看法往往会过多依赖第一印象，这就是首因效应。

心理学家卢钦斯是第一个对首因效应进行实验研究的学者。卢钦斯杜撰了两段文字作为实验材料，内容主要是写一个名叫吉姆的学生的生活片段，这两段文字描写的情境是相反的。一段内容是把吉姆描写成一个热情而外向的人；另一段内容则把吉姆描写成一个冷淡而内向的人。

卢钦斯把两段材料以不同的组合方式展示给被试。

（1）先出示描写吉姆热情而外向的一段材料，后出示冷淡而内向的材料。

（2）先出示冷淡而内向的材料，再出示热情而外向的材料。

（3）只出示热情而外向的材料。

（4）只出示冷淡而内向的材料。

卢钦斯把被试分为四个组，每组分别阅读一组材料，然后要求各组被试回答一个问题，即“吉姆是怎样的一个人”。结果如下表。

首因效应实验表

组别	实验条件	友好评价（%）
1	先出示热情、外向材料，后出示冷淡、内向材料	78%
2	先出示冷淡、内向材料，后出示热情、外向材料	18%
3	只出示热情、外向材料	95%
4	只出示冷淡、内向材料	3%

上述实验表明，在人际交往中，首因效应对人的评价起着重要作用。因此，为了给他人留下良好的第一印象，我们必须注意自己的外表、言谈举止，还必须增长才能、加强个人修养，等等。但是，双方初次见面所获得的印象只是一些表面特征，不是内在

的本质特征，单单凭第一印象作为继续交往的基础是不牢固的。

人们对他人的第一印象不是无法改变的，随着时间的推移、交往的增多，对方各方面的情况将愈益清晰，从而可以改变第一次见面时留下的印象。

虽然随着交往的深入，第一印象会逐渐改变，但是这需要一个漫长的过程。因此，在人际交往中，若要吸引他人，赢得友谊，就应该给人留下良好的第一印象。

小菲和小玲是大学同学，也是多年的好朋友，小菲比小玲大，平时就像姐姐一样关心小玲。小玲从心底里感激小菲，把小菲当作知心朋友。小菲如果有什么事，她也总是极力维护小菲。大家都知道她们关系非常密切。可是最近，小菲和小玲却闹翻了。

“我把她当姐姐一样尊重，她却这样对待我。”小玲生气地对别人说。

“唉，我对她一直都很关照，却因为最近得罪了她一次，她居然就不理我了。”小菲很伤心。

小玲因为小菲最近一次“得罪”了她，便中断了与小菲的友情。

在上面的案例中，小菲和小玲两人平常接触颇多，但是彼此都将对对方的最后一次印象作为互相认识与评价的依据，因为最近发生的事或了解的东西而掩盖了对对方的一贯了解。由此我们不难看出，在人际交往中，最近、最后的印象，往往是最强烈的，可以冲淡在此之前的印象。

在我们的生活中也常常发生这样的事。某人最近犯了一个错误，人们便改变了对这个人的一贯看法；两个好朋友为一点误会而翻脸、绝交；常年来往，亲密得像一家人的两个家庭，却为一件小事闹矛盾，甚至大动干戈，从此“鸡犬相闻，老死不相往来”……出现这类情况都是受“近因效应”的影响。

近因即最近或最后的印象，近因效应是指最近或最后的印象对人的认知具有强烈的作用和影响。在某些时候，决定人们对认知客体特性做出解释的是最后形成的印象。

近因效应也是由卢钦斯于1957年最先提出的，并在一系列实验中得到了证实。其中有一个很著名的实验和我们前边讲述的类似，他用两段材料，分别描述吉姆的内向性格和外向性格，并把被试分成甲、乙、丙、丁四组，用四种顺序、四种方式向每组被试读这两段材料。向甲组先读吉姆的内向性格，接着读外向性格，然后令被试说出对吉姆的印象；向乙组先读其外向性格，后读内向性格，令被试形成对吉姆的印象；丙组是在读完内向性格之后，即令被试陈述对吉姆的印象，然后读他的外向性格；丁组则与丙组的顺序相反，先读外向性格，在被试形成印象之后，再读内向性格。

这个实验的结果很有趣，在四组实验中，出现了两种心理效应，甲乙两组，出现了首因效应，文章前半部分对吉姆的性格描述，对多数人的印象形成起了决定作用；但是，丙组和丁组却没有出现首因效应，多数人不是依据前半部分形成总体印象，而是依据后半部分的内容形成了总体印象。这个实验结果表明，在有两种或两种以上意义不同的刺激物依次出现的场合，印象形成的决定因素是后来新出现的刺激物。

在人际交往中近因效应是存在的，首因效应也是存在的，那么如何解释这看似矛盾的两种心理现象呢？对此，心理学家给予了不同的回答。

卢钦斯认为，在关于某人的两种信息连续被人感知时，人们总倾向于相信前一种信息，并对其印象较深，即此时起作用的是首因效应；而在关于某人的两种信息断续被人感知时，起作用的则是近因效应。

怀纳斯则认为，首因效应和近因效应究竟何者起作用，取决于认知主体的价值选择和价值评判。他在一项实验中发现，被试对人物性格特点的评价取决于他们自己的价值观，他们会根据自己的价值判断标准来表达对一个人的好恶。

也有人指出，在与陌生人交往时，首因效应起较大的作用；在与熟人交往时，近因效应则起较大的作用。

我们在看待他人时，要避免首因效应和近因效应的偏激之处，不要犯“一叶障目，不见泰山”的错误。在与人交往时，应该全面了解他人的情况，避免以片面的印象取舍、下结论，所谓“路遥知马力，日久见人心”，评价一个人应该注意从长期来考察。而我们自己在别人面前的表现则要注意始终如一，不能凭着过去或者近期的表现就有所懈怠。

社交印象形成的原理

在生活中，我们常听到别人说“我对 ××× 印象不错”“对 ××× 印象不佳”。其实，任何一个人在与某人接触以后，都会或多或少留下一点印象，如果是有好感或是极其重要的事件，就会留下深刻的印象，一些令人不愉快的事情也常常会使人不能忘记。当然，也会对一些事情根本就不产生什么印象，如过眼云烟。一个人在社会交往过程中，只要对社会、对群体、对他人、对自己有了一定的知觉，就会表现出相应的印象。

所谓印象，简单地说，就是保存在认知主体记忆中的认知客体的像。认知客体既可以是人，也可以是物，还可以是由人和物及各种关系组成的各种社会事件。而社会印象一般是指对人、对由人所构成的群体和社会的印象。

有时对物的印象也是社会印象，这是因为这种物体现或渗透了人的东西，是人像化了的物像。如长城是中国人民勤劳、勇敢、智慧和力量的象征，江南水乡体现了当地人民的生活方式，而日益严重的沙漠化则表现了人与自然相处的尴尬等。

其实，印象是在很短的时间内形成的。而在这么短的时间内，我们不可能注意到各方面的信息，只能注意到其中一部分信息，而正是这一部分信息决定了印象的好坏。

较早研究社会印象问题的社会心理学家是美国人阿希。阿希认为，人们在接触一个陌生人的时候，自然会形成一种心理冲动，想探究对方到底是一个什么样的人；在别人向自己介绍一个人的时候，又常常把这个人互不相干的特点凑在一起，作为这个人的像去看待。阿希在 1946 年的实验中发现，人们关于某个人的印象不是他所具有的各种特点的简单相加，而是超出了各个部分之和。

形成印象是人们适应社会环境的一种方式。每个人都有明确的生活目的，因此都需要了解周围的世界，特别是周围人对自己的意义，从而使自己能够对一定的客体或人做出正确的反应。例如，有一个人突然对你说要帮你发一笔横财，你只有明确了解他为什么这样做，才会决定自己应该怎样做，而要明白对方的意图，就必须通过各种手段了解他，形成关于他的印象。所以，印象作为行为定向和理解人的背景，直接影响着人与人之间的进一步交往和人际关系状况。

社交印象的形成过程，是一个动态的多种因素交互作用的复杂过程。社交印象的形成，一方面是以社交知觉为基础，对知觉材料进行加工处理；另一方面又是在离开认知客体的情况下，浮现出来的客体形象，是间接的心理成像的过程。因此，印象本身是一种抽象观念的组合。

社交印象虽然以知觉形象为基础，但印象不是知觉形象的简单相加，而是有机的综合。

在印象形成过程中，被认知到的信息并不是平均起作用的，那些最初被人们发现、认知到的信息会影响到人们如何看待以后被认知到的特性。曾有心理学家将同样的六种性格特征，以不同的顺序排列，然后让同样一群被试评定这两个人的性格特征。

评定结果是，尽管A、B两人罗列的六种性格特征完全相同，只是排列的先后顺序有差异，就影响了被试对其印象的评定。被试对A有更多的正面印象，而且凡是对A有正面印象的人，不但把前两项性格视为形成印象的主要根据，还把后面“善辩的”性格做正面的解释（精明的人才善辩）。同理，凡是对B有负面印象的人，不但把前两项性格视为他印象形成的主要根据，而且对后面“善辩”的性格做了负面解释（倔强的人才会善辩）。

可见，首先被知觉到的信息被加重了，并对整体印象产生重要的影响。这种现象在生活中十分常见，若是有的人给我们的第一印象不好，那在以后的日子里我们则很难改变对那个人的印象。

在人们收集到的关于认知对象的信息中，有正面信息，也有负面信息，但它们所起的作用是不同的。负面信息的影响往往大于正面信息，因为正面印象比负面印象容易改变。同时，一个极端的负面特性会造成极不好的印象，不论一个人其他信息如何，或他已具有很多正面信息，一个极端负面的特性足以破坏人们对他的整个印象。

仪表是无形的人际语言

有一个青年人在面试时由于扣错了扣子，给面试官留下了很差的印象，尽管他在后来的面试中表现十分优秀，但他最终还是未被录取。助手问及原因，面试官说："一个连自己仪表都不注重的人，很难让人相信他会在我们这里做好。"

由此可见，一个人的仪表对人际交往有着很大的影响，人们往往会从一个人的仪表来判断一个人的个性。

一个人的仪表包括容貌、风度、服饰、发型等直观的特征。其中有些特征受先天遗传影响，有些特征是后天形成的，在较大程度上与人的经济状况、文化熏陶、个性特征等相关。一个人的仪表可以给观察者提供大量的信息，例如，从面容可以推断其年龄、从戒指佩戴的位置可以推断其婚姻状态、从服饰的档次可以推断其经济状况等。人们在对他人的仪表进行观察时总是倾向于美好的东西，如仪表堂堂、风度翩翩、衣着整洁的人，会给人留下好的印象，而相貌丑陋、蓬头垢面、衣衫不整的人，会给人留下不好的印象。

著名影星索菲亚·罗兰说："你的服饰往往表明你是哪一类人物，它们代表你的个性。一个与你会面的人往往会不自觉地根据你的衣着来判断你的为人。”行为学家迈克尔·阿盖尔曾做过一个实验，他本人以不同的打扮出现在同一地点。当他身穿西服以绅士模样出现时，无论是向他问路或问时间的人大多彬彬有礼，而且看来基本上是绅士阶层的人；当他打扮成无业游民时，接近他的多半是流浪汉，或是来对火抽烟，或是来借钱、借烟。由此可见，人的服饰、发型等仪表特征为知觉一个人的年龄、职业、角色与身份提供了信息，并部分地反映出一个人的动机、性格等特征，在初次接触时，给人以鲜明的印象。

从服饰判断他人性格

“服装是文化的表征，衣裳是思想的形象。”这是郭沫若说过的话，意思是说人可以通过衣着打扮来向外界展示自己，那么我们也可以通过服饰来了解他人，只要掌握了一定的原则，我们就能从服饰来判别他人的性格特征。

一般说来，习惯穿简单朴素衣服的人，性格比较沉着、稳重，为人较真诚和热情。这种人在工作、学习和生活当中，对任何一件事情都比较踏实、肯干，勤奋好学，评判事情客观、理智。这种人的缺点是缺乏主体意识，软弱且易服于别人。

习惯穿单一色调服装的人，多是比较正直、刚强的，理性思维要优于感性思维。

习惯穿淡色衣服的人，多比较活泼、健谈，且喜欢结交朋友。

习惯穿深色衣服的人，性格比较稳重，显得城府很深，不太爱多说话，凡事深谋远虑，常会有一些意外之举，让人捉摸不定。

习惯穿式样繁杂、五颜六色衣服的人，多是虚荣心比较强，爱表现自己而又乐于炫耀的人，他们任性甚至还有些飞扬跋扈。

习惯穿华丽衣服的人，一般都具有很强的虚荣心和自我表现欲。

习惯穿流行时装的人，最大的特点就是没有自己的主见，不知道自己有什么样的审美观，他们大多情绪不稳定，且无法安分守己。

习惯根据自己的喜好选择服装而不跟着流行走的人，多是独立性比较强，有果断的决策力的人。

习惯穿同一款式服装的人，性格大多比较直率和爽朗，他们有很强的自信，爱憎、是非、对错往往都分得很明确。他们的优点是做事不犹豫、不拖拉，而且显得非常干脆和利落。言必信，行必果。但他们也有缺点，那就是清高自傲，自我意识比较强，常常自以为是。

习惯宽松自然的打扮，不讲究剪裁合身、款式入时的人，多是内向型的。他们常常以自我为中心，融不到其他人的生活圈子里。他们大多没有朋友，可一旦有，就会是非常要好的，他们的性格中害羞、胆怯的成分比较多，不轻易接近别人，也不易被人接近。他们对团体的活动一般都不感兴趣。

习惯打扮素雅、实用为原则的人，他们多是比较朴实、大方、心地善良、思想单纯而又具有一定的宽容和忍耐力的人。他们为人十分亲切、随和，做事脚踏实地，从来不会花言巧语地去欺骗和耍弄他人。

习惯穿色彩鲜明、缤纷亮丽的服装的人，他们大多比较活泼、开朗、坦率和豁达，对生活的态度也比较积极、乐观和向上。同时，他们的自我表现欲望比较强，常常会制造些意外，给人带来耳目一新的感觉，以吸引他人的目光。

以上就是根据服饰判断他人性格特征的一些原则，当然，这些原则并不是放之四海皆准的。要想在初次见面时，就根据一个人的穿着打扮判断其性格，还需要我们在实践中多积累经验，做个有心人。

举足轻重的外貌

《三国演义》中讲了这样一件事。

庞统相貌丑陋，但很有才能。他去拜见孙权，想要效力于东吴。孙权本来是个爱才的领袖，但是一看到庞统相貌丑陋，就不太喜欢他，又看他性格傲慢不羁，更加没有好感。最后，他竟把与诸葛亮齐名的旷世奇才庞统拒之门外，鲁肃苦劝也无济于事。

由此可见，外貌对于人际吸引有极大的影响，和陌生人初次打交道更是如此。虽然有些人认为外貌几乎是无法经过个人努力而改变的特征，以它作为人际吸引的因素不公平；尽管人们常说“人不可貌相，海水不可斗量，以貌取人，贻误大事”，但是，爱美之心，人皆有之，爱美是人的天性，无论在哪种文化背景中，漂亮的人总是容易被人喜欢，总是更容易促进其人际关系的发展。

有研究表明，长相好看的人比相貌平平的人挣钱更多，拥有的工作更让人羡慕；而相貌平平的人比相貌丑陋的人又好一些。一项对加拿大人做的调查发现，好看的人比丑陋的人挣的钱要多75%。同样的背景下，对管理职位的申请，漂亮的申请者比相貌平平的申请者赢得的职位级别要高。还有一项研究发现，在西点军校，相貌英俊的学员毕业时会被授予更高的军衔。

有心理学家曾做过一个实验。让一组被试阅读附有作者照片的文章，文章有的水平高、有的水平低，作者有的漂亮、有的不漂亮；让另一组只看第一组看过的文章，但没有附作者的照片。看完后让两组的被试评价文章水平的高低。结果发现，第一组被试对漂亮作者的文章评价要高于对不漂亮作者的文章评价，第二组被试则根据文章的真实水平做出了比较客观的评价。

西方学者的研究指出，法官在“执法如山”的法庭上给犯人判刑时，也难逃脱外貌晕轮效应的影响，有时判决的结果会令人震惊不已：对于罪行相同的盗窃犯，外貌漂亮的平均被判刑 2.8 年，不漂亮的平均被判刑 5.2 年。不过，对于诈骗犯判刑的情况却不是如此。法官们似乎认为，越漂亮的诈骗犯越危险，越应该重判。

上面的例子都说明，外貌对于一个人在人际交往中能否给别人好感，能否吸引别人，起了举足轻重的作用。

表情是一种“世界语”

有一天，有个陌生男子前来拜见刘备。侍卫为了安全起见，拦住了此人。不料，此人就在殿外大喊：“玄德公，早就听说您是个爱才如命的人，为何不肯见我呢？”

侍卫将他推出门外，他就更大声地喊：“当今三国鼎立，谁都想一统天下。但这岂非易事，若得到我的良策便可使对方俯首称臣，玄德公！玄德公！”

这人的声音越来越大，刘备听说此人有治国的良策，就心动了，不禁走到殿外，亲自迎接他到殿内。那人先是恭维了一番，接着就与刘备谈论了起来。两人谈论各国的英雄，谈论三国地理、人文和各自施政的得失。刘备觉得此人谈吐不凡，心中对他的喜爱之情油然而生，两人越谈越起兴，竟如老朋友一般。

正当二人谈得十分投机的时候，诸葛亮突然走了进来。还没等诸葛亮开口，这人就神色慌张地起身说要上厕所，匆匆地离开了。

这时刘备就向诸葛亮极力夸奖此人，说什么此人是个不可多得的人才，上知天文，下晓地理，想说服他为自己所用。

可是诸葛亮却不以为然地说：“主公！我看此人并非善类。他见了臣，脸色骤变、神情紧张，连眼睛都不敢正视我，而且左顾右盼、行色不安，奸相外露。从他那慌乱不安的眼神就可以看出此人心怀不轨，要不又怎么会有如此的变化呢？我想，他一定暗藏杀机，幸亏我早来一步啊！”

刘备听了，大吃一惊，赶忙命人前去捉拿。不过，厕所哪有人影，那人早就翻越院墙逃之夭夭了。刘备此时才知道自己险些丧命，不由惊得大汗淋漓。

诸葛亮通过那人的神色变化，洞悉了其奸计，使刘备免遭一劫。

在人类的心理活动中，表情最能反映情绪的变化。表情是反映一个人态度、情绪和动机等心理因素的基本线索和外在表现形式，通过对一个人面部表情的观察和分析，可以了解其内心的欲望、意图和状态，借此即可形成对他的认知。

人类具有丰富的面部表情，它是反映人们身心状态的一种客观指标，如“喜气洋洋”“气势汹汹”“愁眉苦脸”“眉开眼笑”等都表示人们的表情。可以说，人的面部是人体语言的“稠密区”。曾有学者估计，人脸可以做出25万多种不同的表情，这一估计似乎太过惊人，但一般心理学家都认为，人的面部表情变化会在2万种以上。

有人说面部表情是一种“世界语”，这确实有一定的道理。艾克曼发现，不同部位的肌肉在表达不同情绪时各有轻重，如眼睛对表达哀伤最重要，口部对表达快乐与厌恶最重要，前额则能较丰富地表达出惊奇。当然，要表达比较强烈的情绪往往需要这些部位协同作用。

通过观察眼睛来认识他人

人们常说“眼睛是心灵的窗户”，在面部表情中眼睛是重要的认知线索，人的各种感情都会从眼睛的微妙变化中反映出来。

有时候，言语不一定代表一个人内心的真正想法，即容易出现口是心非。但眼睛不会说谎，它能显示出大脑的真实思维活动。心理学家经研究发现，一个人做了亏心事，或心虚时，会自动地回避他人的目光；而在求爱时，人们往往用目光来传递爱慕之情，特别是初恋的男女青年，对于眼神的使用频率一般都会超过有声语言。

我们在交往中，要善于通过观察人的眼睛来认识一个人，眼睛的动作及其传达出的信息主要有以下几个。

第一，与人交谈时，视线接触对方脸部的时间在正常情况下应占全部谈话时间的30%～60%，如果超过这一平均值，可以认为对方对谈话者本人比对谈话内容更感兴趣。比如，一对情侣在讲话时总是互相凝视对方的脸部。

若低于此平均值，则表示对方对谈话内容和谈话者本人都不怎么感兴趣。瞪大眼睛看着对方则是表示对对方有很大兴趣。

第二，倾听对方说话时，几乎不看对方，那是企图掩饰什么的表现。据说，海关的检查人员在检查已填好的报关表格时，通常会再问一句：“还有什么东西要呈报没有？”这时多数检查人员的眼睛不是看着报关表格或其他什么东西，而是盯着来人的眼睛，如果你不敢坦然正视检查人员的眼睛，那就表明你在某些方面有不够老实的地方。

第三，眼睛闪烁不一定是反常的举动，通常被视为用来掩饰的手段或性格上的不诚实。一个做事虚伪或者当场撒谎的人，其眼睛常常闪烁不定。

第四，在1秒钟之内连续眨眼几次，这是神情活跃，对某事感兴趣的表现；有时也可理解为由于个性怯懦或羞涩，不敢正眼直视而做出不停眨眼的动作。在正常情况下，一般人每分钟眨眼5～8次，每次眨眼不超过1秒钟。时间超过1秒钟的眨眼表示厌烦、不感兴趣，或显示自己比对方优越，有藐视对方和不屑一顾的意思。

第五，当人处于兴奋时，往往是双目生辉、炯炯有神，此时瞳孔就会放大；而消极、戒备或愤怒时，愁眉紧锁、目光无神、神情呆滞，此时瞳孔就会缩小。实验表明，瞳孔所传达的信息是无法用意志来控制的。所以，现代的企业家、政治家以及职业赌徒为了不使对方觉察到自己瞳孔的变化，往往喜欢戴上有色眼镜。

当然，眼神传递的信息远不止这些，不过许多只能意会而难以言传，就需要我们只能在实践中用心观察、积累经验、努力把握。

利用“居家优势”消除紧张

《三国演义》中诸葛亮头戴纶巾、空城抚琴，未动一兵一卒而使司马懿大军退去的故事令人记忆犹新，其实，中国历史上早在春秋时期就已经有“空城计”上演了。

> 楚国的令尹公子元，为讨好文夫人、显示自己的才华，决定攻打郑国。公元前666年，公子元亲率兵马，浩浩荡荡，大举进攻郑国，直逼郑国国都。郑国国力较弱，都城内更是兵力空虚，无力抵挡。危难之际，上卿叔詹对国君说：“公子元伐郑，实际上是想邀功图名讨好文夫人。他一定急于求成，又特别害怕失败。我有一计，可退楚军。”
>
> 国君按叔詹的计策，在城内做了安排；命令士兵全部埋伏起来，不让敌人看见一兵一卒；令店铺照常开门，百姓往来如常，不准露一丝慌乱之色；大开城门，放下吊桥，摆出完全不设防的样子。
>
> 公子元率楚军赶到城下，虽见城中空虚，却又隐约看到了郑国的旌旗甲士。反复斟酌之后，认为其中有诈，不可贸然进攻，应先探听虚实，再做打算。就在楚军犹豫的时候，郑国已向盟国齐国发出求救信，齐国遂联合鲁、宋两国发兵救郑。公子元见势不妙，于是撤兵。

两军对垒，更多的时候是心理战，作战时不排除运用诡变或欺诈的手段克敌制胜。人们普遍都有这样一种心理，在自己熟悉的环境里，心态比较放松，也能够掌控得了局面，一般都会自信满满；而如果在陌生的环境里，则会因不熟悉环境而产生紧张心理，心里“没底”。上文中公子元正是面临这种状况。当他面对打开的城门和悠然自得的城民，而都城内的郑军又从容自若、沉着冷静时，根本无法分清虚实，自然不敢擅自行动。我们在生活中常常见到这样的现象：比赛时主场队伍很容易获胜；谈判地点如果在自己的公司则更容易说服对方；如果某次演讲或谈判的主题正是你所擅长的，通常会发挥得更好……

在熟悉的环境中会取得心理上的优势，在陌生的环境中则会有心理上的劣势，这就是著名的居家优势。居家优势能够有效地缓解紧张情绪，在熟悉的环境中我们比对方有更多的优势，我们可以将其应用到社交生活中。比如，要跟陌生人单独见面时，可以将地点选择在自己比较熟悉的咖啡厅或者餐厅，这样对方就会因为环境陌生而紧张，我们则会因为熟悉而放松一些。所以，很多女性在见网友的时候，都会选择离自己比较近的肯德基或者麦当劳。

我们要避免这样一个误区，不要把居家优势中的“居家”狭义地理解成自己熟悉的地方，居家也可以是你熟悉的人等一切自身以外的因素，如几个朋友、一些话题，等等。当你无法掌握选择自己熟悉环境的主动权时，就要学会利用其他你所熟悉的“家居”优势。

在一次聚会上，李磊看到了一位美丽的姑娘，并被她的气质所吸引，很想上前搭讪，却又没有勇气。这该如何是好呢？正在这时，他看到一起来参加聚会的同事走到姑娘旁边与她聊天，仿佛很熟的样子。“这不有办法了吗？”李磊暗自庆幸。待同事与那位姑娘告别之后，李磊拉住王军说明了自己的想法。

“这个好办，包在我身上，我和她是校友！我来介绍你们认识。”就这样，同事把李磊带到姑娘面前，对她说：“小薇，给你介绍个朋友认识。这是我的同事兼好友李磊，可别小看他，他可是程序设计专家，我们公司很多软件都是他写的！”就这样，李磊顺理成章地认识了小薇，重要的是，给小薇留下了很好的第一印象。

所以，想认识别人的时候，邀请你们双方都认识的某位朋友来做“中间人”的办法是非常有效的。要知道，“中间人”帮你所做的宣传远比你自己当着陌生人的面自吹自擂管用得多。不仅如此，有人引荐还会迅速消除你和目标人物初次见面的紧张感。

如果实在找不到“中间人”，那该怎么办呢？这时候，你可以寻找一些既是你非常擅长的、又是对方感兴趣的话题作为开场，如兴趣爱好、风俗习惯等。这样既可以缓解你的紧张情绪，又能让你展示自己的“优势”，一举两得。

最后，需要注意的是，“居家效应”还要求我们在人际交往中做到“客随主便”。不管我们去拜访别人，还是参加别人举办的聚会，都一定要给“主人”留足面子，人际关系大师卡耐基就曾在这个问题上跌过一跤。

某一天晚上，卡耐基在伦敦参加一场宴会。宴席中，主人讲了一段幽默故事，并引用了一句话：“谋事在人，成事在天。”并且他自信满满地说，这句话出自《圣经》。但是，卡耐基却不这么认为，他纠正说这句话应该出自莎士比亚。两个人争执不休，于是向卡耐基的一位朋友请教，这位朋友研究莎士比亚的著作已有多年。

出乎意料的是，这位朋友并没有向着卡耐基说话，而是照顾了主人的情绪，事后跟卡耐基讨论这句话的时候，他说：“是的，这句话出自哈姆雷特第五幕第二场。可是亲爱的戴尔，我们是宴会上的客人。为什么要证明他错了？那样会使他喜欢你吗？为什么不给他面子呢？”

能够深刻洞悉人性弱点的卡耐基也有失手的时候，正是在一次次摩擦和实践中，卡耐基才渐渐地成为人际关系专家并能够把他的经验分享给全球众多的读者。

“我的地盘我做主”，居家优势能够有效地消除人际交往中的紧张感和距离感，它是我们在人际交往中可以有效运用的一大法宝，能够迅速改变你的状态，让你掌握社交中的主动权。别忘了居家优势告诉我们的另外一件事：有些时候，记得给主人留够面子！

从言语中透析他人心理

俗话说，“言为心声”，从一个人的言谈中，我们可以了解一个人的态度、感情和意见。尽管言谈内容是表现的因素，但言谈的速度、语调却能够影响谈话内容的效果。人在试图掩饰某种意图时，往往会改变言谈的内容，因此要想从言谈内容上了解对方的真实用意有时是十分困难的。但他言谈的速度、语调以及节奏等，却会十分真实地反映其内心的变化。人们往往会在无意中通过这些因素表现出所谓的言外之意，而我们也应该设法通过这些因素来正确了解对方的心理。

1. 说话速度

说话速度快的人多性格外向，比较有活力、朝气蓬勃，总给人一种很阳光的感觉。但是，说话速度过快，则会给人一种非常紧张、迫切的感觉，同时也会让人感到焦躁、混乱以及些许不安。

说话缓慢的人，会给人一种诚实、中肯、踏实的感觉，但也会显得犹豫不决、优柔寡断，甚至是悲观消极。

语速为每个人说话固有的特征，依人的性格与气质而异。不过，需要注意的是，我们如何从与平时相异的言谈方式中了解对方的心理。例如，平日能言善辩的人忽然结结巴巴地说不出话来；相反的，平时木讷、讲话不得要领的人，却突然滔滔不绝地高谈阔论。遇到这种情况，我们就应该小心了，其中必定是出了什么问题，应仔细观察、谨慎行事。

大体而言，当言谈速度比平常缓慢时，表示不满对方或对对方怀有敌意；相反的，当言谈速度比平常快时，则表示说话者有短处、缺点、愧疚或言谈内容有虚假。

从心理学的角度看，当一个人的内心深处有不安或恐惧情绪时，他就希望通过快速讲述来掩饰藏于内心深处的不安与恐惧。但是，由于没有充分的时间让他冷静地反省自己，所谈话题内容比较空洞，我们可以很容易地窥知其心理的不安状态。

柳传志就是一位通过话语速度判断他人心理的高手。

在联想集团生死攸关的时候，他召开了一次董事会议。

敏锐的柳传志发现他的下属在发言时，吞吞吐吐，全然没有企业家应有的风度。他估计企业有军心涣散的危险，便立刻宣布散会。接着他紧急展开大规模的调查，对症下药，避免了企业发生重大的变故。

2. 说话音调

通过对说话音调的留意，一样可以了解对方的心理。

肖邦曾在一家杂志专栏中写道：“当一个人想反驳对方意见时，最简单的方法就是提高嗓门——提高音调。”的确如此，人总是希望借着提高音调来壮大声势，并试图压倒对方。

研究发现，说话音调高是任性的表现形式之一。一般而言，随着年龄的增大，音调会随之降低。而且，随着一个人心理的逐渐成熟，他便具备了抑制“任性”情绪的能力。但是，有些成人说话的音调却相当高，这种人的心理便是倒回到幼儿期了，因而无法抑制自己任性的表现，也往往无法接受别人的意见。

3. 说话的节奏

这也是了解对方心理的重要因素。

充满自信的人，谈话时多用具有决断性的说话节奏；缺乏自信或性格软弱的人，讲话时则慢吞吞的，缺乏决断性的节奏。

说谎是动员全身器官的演出

美国的一位心理学家经过长期研究指出，人是爱说谎的动物，而且比自己所意识到的说得更多，平均每日最少说谎 25 次。

麻省大学社会心理学家费尔德曼认为谎言有不同层次之分，

可以归为三大类。第一类是“正性谎言”，是指一些对生活造成有利影响的谎言，他对这类谎言的解释是：“懂得在适当的时候撒谎或扭曲事实，是待人接物的技巧。”第二类是“中性谎言”，这些谎言很多时候不受意识支配，或者说了也不会对自己或他人造成不利影响。第三类是“负性谎言”，这类谎言会对自己或他人造成不利影响。

在人际交往中，我们要警惕第三类谎言，即“负性谎言”。事实上，当一个人说谎时，他的面部表情、身体姿势和动作，以及其他非言语方面都会有一些细微的变化。只要我们稍加留意，就能从非言语线索入手，识破他人的谎言。

（1）我们可以通过对方瞬间闪现的面部表情来识破对方的谎言。一个人的情绪被唤起之后会快速出现而且很难抑制，因此，它们能揭示人的真实感受和情绪。比如，当我们问一个人是否喜欢某样东西时，在他反应时我们应密切关注他的脸。如果我们看到他一个表情（比如皱眉）之后紧跟着另一个表情（比如微笑），这就是说明他在撒谎——他正在表达一种观点，而实际上他的真实观点是另外一个。

（2）我们可以通过对方各通道之间表达信息的不一致来识破对方的谎言，产生这种现象是因为说谎的人很难同时控制所有的通道。比如，他说谎时可能控制好了面部表情，但却不能同时控制好他的眼睛。

（3）我们可以通过对方的语调判断。当人们说谎时，说话的音调经常升高，并且更加犹豫，还会有很多错误。如果我们在别人说话时看到了这些变化，就可以认定他在撒谎。

（4）眼睛也会泄露秘密。撒谎的人会比说实话的人更频繁地眨眼，瞳孔也会更大。当他们与人目光接触时，会保持水平一致，因为，他们企图通过直视别人的眼睛获得诚实的假象。

（5）撒谎的人有时会表现出夸张的面部表情，他们可能比平时笑得更多，或表现出过分的悲伤。一个简单的例子是，某些人对我们提的要求说“不”之后，表现出过分的歉意。这预示着他们说“不”的理由可能是假的。

在人际交往中，只要我们留心观察，并注意积累经验，就可以判断出别人是否在说谎，或者只是企图对我们隐藏他们的真实感受。不过，通过以上几种方法不一定能识破所有的谎言，因为有些人是熟练的说谎者，但是如果我们仔细注意以上所说的线索，也不会轻易被他们蒙蔽。

有心理学家曾做过这样的实验：他们让大学生就各种话题（比如，死刑、移民限制等问题）发表真实看法或者撒谎——表达相反的观点，并把这些陈述录像。然后，录像被放给实验中的另一部分被试看，要求他们判断录像中的人是否在撒谎。为了操纵判断者识别谎言的动机，一半被试（高卷入组）被告知看过录像后要接受有关录像信息的提问，并且告诉他们问题回答的情况将代表他们的智力和社会技能的水平；另一半被试（低卷入组）被告知看过录像后要回答的问题与录像内容无关，并且不告诉他们回答问题的情况是对智力和社会技能的考量。

结果发现，低卷入组的判断比高卷入组的判断更准确。心理学家认为产生这一结果是因为高卷入组的被试集中注意力于录像中人物的谈话内容，而低卷入组的被试更多地注意到了非言语线索。

这个实验以及相关的研究表明，像许多其他工作一样，识别谎言时，过分努力有时反而会收到相反的效果。

第二章　迈出人际交往第一步
这样的说话方式讨人喜欢

人们之所以喜欢跟自己相似的人在一起，并产生相惜之情，是因为相似的人，更容易有共同语言，相互之间发生争辩的机会比较少，更容易获得彼此的支持，彼此的内心也容易产生稳定感。

介绍自己，简单几句入人心

人与人交往，都需要一个从陌生到熟悉的过程，正如人们常说的“一回生，两回熟”。社交，最难在头一回。面对陌生人，最难的就是如何通过自我介绍，给对方留下好的第一印象。

某外企公司高薪聘请来了一位资深顾问，与资深一词刚好相反，这位顾问似乎有点“不谙世事”。一天，总经理秘书张桂中在电梯遇到了这位资深顾问，因为不熟，就点头笑了一下。谁想到，这位资深顾问发现张桂中是陌生同事的时候，话匣子就打开了，居然直接问张桂中：“我叫××，你有男朋友吗？一定没有吧？你看起来好严肃呀！”还一直问张桂中：“喂，你叫什么来着？”张桂中心想，就算你比别人资深，也要顾及一下自己在别人眼里的第一印象吧！不仅张桂中，单位其他同事对这位“成熟男士”印象也不好。

很明显，这位新来的顾问，因为说话太过“招摇”，使得同事对他有了不好的印象。

其实，初次与人交往，都少不了要做自我介绍，自我介绍的内容，可以根据实际的需要、所处的场合而定，要有鲜明的针对性。但简单几句介绍自己的话，并不是毫无章法可循的。那么，与陌生人初次见面时，该怎样大方地介绍自己，才能给对方留下好印象呢？

1. 自我介绍要摆脱陌生人情结

我们与陌生人交往时，都可能会局促不安，但在产生交往欲望以及自我介绍前，一定要摆脱这种陌生人情结。也就是说，我们在向陌生人介绍自己时，要轻松自然，不要装模作样，不过也要表现出你的诚意。只有这样，才能显出你的大方和热情，不扭捏作态，才会让对方觉得你是一个有良好交际品质的人，从而愿意与你进一步交往。

2. 保持谦虚低调

在自我介绍的时候，除了突出自己的亮点，还是以谦虚低调为好，免得给别人留下此人不踏实的第一印象。在做自我介绍时，要简洁、清晰、充满自信，态度要自然、亲切、随和，语速要不快不慢，目光正视对方。

郑丹第一天上班，她的工作是负责接电话，但是对方好像听不懂她在说些什么，她表现得很紧张，用手捂着话筒对老职员李姐说：“李姐，我是新来的郑丹，早上也没跟你介绍一下，真对不起。客人好像听不懂我在说什么，我刚来对业务也不太熟，你能帮我向他说明吗？”

原本还觉得新来的小姑娘不懂事的老职员李姐二话

没说就接过了话筒。当时，她心想：看她的样子虽然很可笑，不过如此认真的态度倒是让人颇有好感，比一些不懂装懂而误事的人强多了。

3. 选对自我介绍的时机

在社交场合中，自我介绍应选择适当的时间，当对方无兴趣、无要求、心情不好，或正在休息、用餐、忙于处理事务时，切忌去打扰，以免尴尬。

4. 把握交往对象的心境和现场气氛

自我介绍不可冗长，有时候只需要简短的一两句话，因为吸引别人的也许正是开篇的某个亮点。同时，介绍自己的时候，要避免谈论可能让人讨厌的话题，不要一个人一直发表高见，也要倾听别人说话，要学会解读现场的气氛，看准时机再发言。

如果对方在你的自我介绍中产生了继续社交的欲望，你就可以在自我介绍后面附加一些信息，比如，你可以提及与对方某些熟人的关系或与对方相同的兴趣，“我和您一样，也是个球迷”，这就一下子与对方找到了共同话题。

总之，自我介绍的每一句话都要说到对方心里去，让对方觉得你是一个有鲜明个人风格的人，从而对你产生良好的印象。

记住陌生人名字的方法

在与陌生人交往时，记牢对方的姓名，不仅是现在处世的基本礼仪，也是使对方产生良好印象的最好方法，这种本领，在交际场中大有用处。

试想，如果大家对你十分熟悉，你偏叫不出他的姓名，虽然可以用含糊的方法敷衍过去，但心里终究会觉得不安。有时因为地位的关系，你应该先招呼他，而他却不便先招呼你，你如果记不起他的姓名，不去招呼他，他就会误会你自大傲慢、目中无人，这就不妙了。所以，如果你要在交际场中占到优势，熟记对方的姓名是必不可少的功夫。

有位老师能够在初见面就叫出学生的姓名，讲到自己的经验时，他说其实并没有什么神秘方法，他只是预先做一种别人不肯做的准备，就是把学生的照片反复辨认，把许多相片作为一本有趣味的新书读。他连续几天，把所有的照片全部都读熟，使每个人的面貌都印入脑子里，与普通熟人一般无二，所以不待问明姓名便可以很自然地叫出对方。

这位老师的方法不可谓不聪明，确实，你要熟记陌生人的姓名，从照片上认识相貌，同时与姓名一齐熟记，是容易办到的事，比方有一张团体照片，你有意熟记照片上的人，相信每天只要花 10 分钟，不到三五天就可以完全记住。

如果你没有所遇见的人的照片，那么预读照片的办法便无法应用了。这时你不妨用见面的机会，细细辨认一下，他的身体有什么特征，比方身高特别高，是个彪形大汉，这是特征；身体细长，像个电线杆，也是特征；双目明亮，也是特征；口特别大，鼻子特别高，也是特征；头上秃顶，也是特征；走起路来一拐一拐，还是特征；……人都有特征，有的人其特征还不止一种。把他的特征作为新奇事物看，同时与他的姓名连在一起，在短时间内一再反复辨认，自然就会记得很熟了。

不过有一点必须注意，在辨认时，态度必须自然，不要显出正在辨认的神情，使对方察觉，这当然也要有小聪明。双目盯牢，端详不已，有失礼貌。尤其是对于女性，这种动作足以使对方面泛红晕，局促不安。

此外，当你第一次被介绍给陌生人认识的时候，你还可以通过向对方问好来重复一下他的名字，这个过程看似简单，但其实对记忆非常有帮助。比如，你的同事帮你介绍了一位新客户："Alice，这位是袁海民先生。"这个时候你就可以说"您好，袁海民先生，很高兴认识你"。通过这个过程，"袁海民"这个名字就在你的脑中留下一定的印象了。

对于很多人来说，自己的名字是最好听、最悦耳的，尤其听到陌生人叫自己，就好像金币落到了掌心。所以，千万不要觉得多询问他人的名字会招致对方的不快，实质上人们很乐意听到你提出如下的问题："抱歉，您能再说一遍您的名字吗？""这样写您的名字对吗？""您的名字怎么写的呢？"当你郑重其事地写下对方的名字，或者很认真地记忆对方的名字时，无意识地向对方传达着"尊重你""重视你"的讯息，使其得到心理上的满足，对方对你印象更好。

跟你有一面之缘的人，当第二次见面时，你如果还能叫出他（她）的名字，那你的交往能力就成功向前迈进了一步。

投其所好，寻找共同点

心理学上的相似相惜定律，是指如果交往双方有较多类似的地方，相互之间就比较容易吸引，能促进双方关系的发展。也就是我们常说的“物以类聚，人以群分”。人们之所以喜欢跟自己相似的人在一起，并产生相惜之情，是因为相似的人，更容易有共同语言，相互之间发生争辩的机会比较少，更容易获得彼此的支持，彼此的内心也容易产生稳定感。

因此，如果找到对方与我们相似的地方，就容易让对方对我们产生好感。但实际上，很多时候，我们都不能善用机会，投其所好地找出话题。甚至反其所好，招来对方的厌恶，给自己带来麻烦。

那么，我们怎样才能真正投其所好呢？例如，多附和对方，适当回应“是的”，会获得对方好感。同时，我们还要从深处掌握投其所好的一些技巧。

1. 利用相悦心理投其所好

相悦心理就是让人从内心喜欢你。投其所好就是要利用这种心理表现出对方喜欢的行为，说出对方喜欢的话。正如德国作家雷曼麦说：“任何人对顺耳的话都容易接受。说几句让人感到舒服的话能收到奇功异效。”

2. 投以对方最需要的东西

投以对方最需要的东西，就要真正了解对方的需要，做到有的放矢。投其所好，就是使人们的内在需要与外在行为达成一致。所以说“雪中送炭”比“雨后送伞”更受欢迎。

3. 创造投其所好的条件

投其所好既要针对对方的需要，又不能仅仅以对方的需要为准则，还要创造条件，对对方的动机、兴趣、爱好、期待等有意识地引导和启发，找到双方的共同点，发挥相似相惜定律的作用。

我们不难从上述技巧中发现，要真正做到投其所好，要解决的关键问题就是先找到双方之间的共同点。那么，怎样才能找到自己同陌生人间的共同点呢？

要想找到双方的共同点，你就要用眼、用心去收集更多的信息，并运用一定的智慧去掌控它。

1. 细心观察，寻找共同点

一个人的表情、谈吐、举止、服饰往往能反映其心理状态、精神追求、生活爱好等，只要你善于观察，就会发现与对方之间的共同点。

一位退伍军人与一个陌生人在长途客车上相遇，他们的位置都在驾驶员背后，双方彼此无言。不料，车开到半路就抛锚了，驾驶员忙了一通还没有修好。退伍军人正打算开口，这位陌生人抢先一步建议驾驶员把油路查一遍，驾驶员将信将疑地去检查了下油路，结果找到了病因。这位退伍军人感到对方这绝活可能是从部队学来的，于是试探问："你在部队待过吧？""嗯，待了六七年。""哦，算来咱俩还是战友呢。你当兵时部队在哪里？"于是这一对陌生人就谈了起来，后来他们还成了朋友。

如果不是通过细心观察推断，退伍军人就无法发现当过兵这个共同点，他们也就无法成为朋友了。

2. 以话试探，侦察共同点

与陌生人交往，为找到共同点，可以通过打招呼开场，询问对方籍贯、职业等问题，从中获取信息；或者通过听对方的说话口音、言辞，侦察对方情况；还可以用动作开场，边帮对方做某些急需帮助的事边说话试探，以此发现对方特点，找到共同点。

3. 听人介绍，猜测共同点

当朋友向你介绍他的朋友或客人时，你应在听介绍时仔细分析，发现共同点后再在交往及谈话中延伸，不断发现新的共同关心的话题。例如，从对方与主人的关系、各自的身份、工作单位，甚至个性特点、爱好等中找到共同点。

4. 揣摩谈话，摸索共同点

可以通过留心分析、揣摩这个人同别人的谈话，或在对方和自己交谈时揣摩对方的话语，从中发现共同点。

5. 步步深入，挖掘共同点

有时发现共同点很简单，随着交谈内容的深入，共同点会越来越多。但为了使双方的谈话更有益于对方，必须一步步地挖掘深一层的共同点。

自我嘲讽，以风趣打动人

当你开始嘲笑自己的时候，就是你成熟的时候。有一位名人说得好："幽默的一个主要优点就是它赋予我们一种承认自己缺少圣洁和讥笑自己缺点的雅量。"

能嘲笑自己的缺点，是公认最高明的幽默境界。比如，有位作家是个大胖子，一次他对他的朋友们自嘲道："我是个比别人亲切三倍的男人，每当我在车上让座位给别人坐时，一下子就可以容下三个人！"朋友们听后都捧腹大笑。这位作家便是用嘲笑自己的胖来引人发笑的。

自我嘲讽就是运用嘲讽的语气来嘲笑自己的缺陷，以取得别人共鸣，使别人会心一笑。

自我嘲讽的方式有很多，这里仅举几例。

1. 嘲笑自己的长相

知名演员凌峰在一次中央电视台春节晚会上，一上场就先将自己的长相嘲笑一番。他说他在大陆各地拍摄时，受到了男同胞的热烈欢迎，但是他的长相却使女同胞达到“忍无可忍”的程度。虽然他的长相并非真的丑陋不堪，但正是由于这种夸张式的自嘲，营造了一种风趣幽默的氛围，引起了观众的哄堂大笑。又如，某人是这样嘲笑自己的长相的：“我这长相，对不起观众，上街都得备着钱，以防有损市容被罚款。”这个自嘲同样引起了听众的舒心一笑。

2. 嘲讽自己做过的蠢事

萧伯纳有一次从苏联访问归来对朋友们说：“我自命不凡，如今受到了小姑娘的教训。”他接着自嘲，“一天我在街上遇见一个苏联小姑娘，很讨人喜欢，便哄她玩了很久。临别时，我说：‘你回去告诉你妈妈，今天同你玩的是世界有名的萧伯纳。’可是那位小姑娘竟然学着我的口吻说：‘你回去告诉你妈妈，说今天同你玩的是苏联姑娘玛莎。’”朋友们听了这段话，不禁哈哈大笑起来，大笑之余，大家都领悟了一个道理：一个人不论有多大成就，他对任何人都应平等相待，要永远谦逊。

3. 嘲讽自己的缺陷

有位老学者曾这样嘲讽过自己：“我今年93岁，须发全白，是个‘皓首匹夫’；牙齿已经全部脱落，是个地道的‘无耻（齿）之徒’；老伴早逝，一人独居，是个‘独夫’；身患心脏病，时好时坏，是个‘坏良心’；年老体衰，骨头缺钙，属于‘软骨头’；每早吃稀粥、腐乳，可谓‘生活腐化’；午饭喜吃红烧肉，古人云：‘食肉者鄙。’我一辈子执教鞭，但又常参加社会活动，兼写文章，是个‘不务正业’之徒，家中种种新颖用具一概不懂用，是个‘等伯’；常言道‘老而不死是为贼’，我年届耄耋，是个十足地道的‘老贼’了……”

这种系列式自嘲，文雅诙谑，别出心裁，妙趣横生，令人捧腹，创造了浓郁的幽默美感。

另外，大家要注意，自我解嘲创造幽默语言要把握好分寸，掌握好火候。否则，失了分寸，过了火候，容易发生误会，使双方陷入尴尬的境地。因此，自我嘲讽要注意：首先，自嘲时说得越加的荒诞玄妙，似真似假，才越会产生幽默效果。其次，自我嘲讽要保持轻松愉快的心态，注意表达你对事物的坦荡胸怀和对人生的乐观情绪。有了这种心态、情绪，才会引发听众欢悦、兴奋的笑声。有时候，说话太实在，情绪太悲观失望，只能给人留下一副可怜的形象。

总之，要想使周围的人获得愉快的心情，就要学会运用自我解嘲的幽默艺术。

会“说”，不如会“听”

多年前，有一个荷兰移民的孩子，充任西联的童役。他把用于坐车和吃午饭的钱省下来，买了一本《美国名人传全书》。他读了名人的传记后，写信请求他们提供关于他们童年时代的补充材料。他是一个善于倾听的人，他鼓励名人谈论他们自己。他写信给那时正在竞选总统的加菲大将，问他是否确实做过拉船童子，并请加菲复信给他；他写信给格莱德将军，询问某一战役的情况。格莱德为他画了一张地图并邀请这个孩子吃晚饭，并且和他谈了一整夜。

他写信给爱莫逊并“倾听”爱莫逊说关于他自己的事。不久，他便和国内最著名的人都通了信：勃罗克、夏姆士、浪番洛、林肯夫人、爱尔各德、秀门将军、戴维斯。

他不仅与这些名人通信，还在他们假期的时候，去拜访他们，并且成为他们家里受欢迎的一个客人。这种经验，使他增强了自信心。也改变了他的人生。

他就是马可生。马可生大概是世上最著名的名人访问者。他认为许多人不能使人对他们产生好印象，是因为他们不注意倾听。“他们极关心他们自己要说什么，他们不打开耳朵……大人物们曾告诉我，他们喜欢善于倾听者比善于谈话者多。但能倾听的能力，好像比任何别的好性格都少见。”的确，人际交往中重要的一环不是说，而是听。学会了倾听，即便不说一句话，也能成为最受欢迎的人。让我们先做一个心理测试，看你是否是一个良好的倾听者？

问题：别人说话的时候你是怎样表现的？从以下5个选项中选择答案，并将得分累积相加：从不（1分）很少（2分）有时（3分）通常（4分）一定（5分）

A：注视别人。

B：表示感兴趣。

C：不打扰。

D：不争论或批评。

E：思考他的说话内容。

F：体会他的感受。

G：观察他的坐姿、表情等。

H：听不清楚会问个明白。

测试结果如下：

（1）低于 20 分者：你大概要在聆听艺术上加把劲，不然你很难结交朋友。

（2）21 ～ 30 分者：你的表现中规中矩，但仍可以继续努力，赢得更多的友谊。

（3）31 ～ 40 分者：恭喜你！你是一位很好的聆听者，你可以成为每一位朋友的好朋友。

读者朋友们，你属于哪一类人群呢？通过这个测试，我们不难发现，那些分数高的人，往往较多关注他人，真正“表示感兴趣”“体会他的感受”“观察他的坐姿、表情”等等。

倾听是一门艺术，我们有必要提高倾听的技巧，让自己成为倾听的艺术家。而在所有的要素里，对他人感兴趣则是第一位的。

卡耐基曾经讲过自己的亲身经历：“我曾在纽约出版商格利伯的宴会上遇到一位著名的植物学家。我从没接触过植物学方面的专家，因此被他的谈话所吸引。我像着了迷似的安静地听他讲有关大麻、大植物家波尔本等的事，他还告诉我很多马铃薯方面的惊人事实。后来我提及我的小型室内花园，他又非常热情地帮我解决了几个我所要解决的问题。

“这次宴会中有十多位客人，但我却忽略了其他人，只和这位植物学家谈了几小时。夜深了，我向众人告辞时，这位植物学家极力向主人夸赞我极富激励性，最后还说我是最风趣、最健谈、谈吐优雅的人。但是，在刚才的交谈中我几乎没有说话！而且由于我植物知识的匮乏，就算我想谈，也无从谈起。

“不过我也知道我确实做到了，因为我一直在仔细地、安静地听，我一直对他所讲的保持着浓厚的兴趣。他也有这样的感觉，因此他很高兴。聆听也是我们对别人尊敬和赞美的表示。”

不仅仅是植物学家，我们平常人也一样，有人倾听我们的谈话，就会让我们觉得自己很重要。正如一位名人所说的：“许多人请医生，他们所要的，不过是一个倾听者。”而倾听在解决人际冲突的时候，往往也扮演非常重要的角色。

曾有一家电话公司碰到一位蛮横的客户，这位客户对电话公司的有关工作人员破口大骂，还威胁要拆毁电话。他拒绝付某种电信费用，说那是不公正的。他写信给报社，还向消费者协会提出申诉，到处告电话公司的状。

为了解决这一麻烦，电话公司派了一位最善于倾听的调解员，去会见这位“惹是生非”的客户。这位调解员静静地听着那位暴怒的客户大声“申诉”，并对其表示同情，让他尽量把不满发泄出来。

几个小时过去了，调解员仍在耐心地静听着他发牢骚，此后还两次上门倾听他的不满和抱怨。当调解员再次上门倾听他的牢骚时，那位息怒的客户已经把这位调解员当成最好的朋友看待了。

调解员利用了倾听的技巧，友善地消除了暴怒客户的不满，尊重了他的人格，并成了他的朋友。于是，客户也变得通情达理了，自愿把所有该付的费用都付清，还撤销了向有关部门的申诉。

倾听，让对方感受到了信任和尊重，倾听是解决矛盾和冲突的最好办法。倾听是一种技巧，也是一种艺术。我们会在倾听之中学习知识，拉近距离，取人之长，补己之短。最重要的是，倾听会让我们成为最受欢迎的人。

重视最后一句话带来的效果

“你想获得冠军吗？那么你最好最后一个出场！”美国学者布鲁恩博士对50年来的各类大型比赛做了详细的调查研究发现，参赛选手在比赛中越是靠后出场，获得冠军的可能性就越大。这种现象是非常有趣的，我们在生活中也常常遇见类似的状况。

布鲁恩博士指出：“当评委在比较选手的表现时，他们总是不自觉地留意选手发挥出的独特的表现。我发现，评委印象最深的总是那些他们刚刚看到的独特的表现。以花样滑冰为例，第 1 位选手完成了一个出色的趾尖旋转动作，而第 2 位选手完成了一个很漂亮的‘八字环’动作。这时，评委的注意力就会集中在‘八字环’上，并把第 1 位选手所做的‘八字环’动作的质量与第 2 位的进行比较，结果他们往往是忘记了第 1 位选手精彩的趾尖旋转动作。”

近因效应也在社交领域中发挥着巨大的作用，因为最后的表现往往给人印象最为深刻，因此我们要牢牢抓住说最后一句话的机会，为自己的表现加分。

现如今，外企面试中有一种非常灵活的方式，被人们称为“群面”。所谓群面就是，考官指定一个题目，并不指定负责人，以观察面试者的表达能力、协调能力以及团队合作能力。某个世界500强企业，就安排了一场这样的面试。

一共有10位应届生参加这场面试，刚刚开始的时候，就有一位同学主动出来承担主持人的角色，为大家分配任务，组织大家讨论项目。大部分人对他的做法采取默许的态度，然而随着讨论的深入，很多人开始不满他凡事都自以为是的做法，场面有些混乱……坐在一旁的面试官一言不发，悄悄地记录着每个人的表现。

奇怪的是，这期间有一位同学一直没怎么加入讨论，大家因为材料和观点争得不可开交的时候，他不发一言，只是在纸上记着什么。眼看还有2分钟就到时间了，这时，这位同学推了推眼镜，清了清嗓子，对大家说：“下面我来总结一下我们的讨论结果，经过我们一组10个人的仔细研究，发现关于这个问题，共有两种处理意见和方法，而它们各有利弊，简单来说……”

面试官发现，这位同学思维敏捷、表达流利、观点清晰，与前面混乱场面形成对比。面试官认为他这种镇定自如的气质，是其他同学所没有的。最后，面试官选择了他。

可见，最后一个出场、说好最后一句话的机会是非常重要的。它往往会起到画龙点睛、突出主题的效果，让人印象深刻。最后一句话说得好，就会让人产生继续跟你交往的意图，就像上面例子中的这位同学，正是在最后的时刻说了总结性的话，充分展示了自己的优点，轻松打败了其他对手。而有些人却不懂得说好最后一句话的妙处，让自己的人际关系陷入困境。

小雨大四毕业后，被保送读本校的研究生。本科的时候，小雨的人缘就不是很好，总是不受大家欢迎。读研究生时寝室里一共住了4个人，小雨想方设法跟大家亲近，以此改善自己的际关系。一次，“十一”假期刚刚结束，大家都从家里带了很多特产分给寝室的姐妹们。小雨也不例外。她特意把妈妈亲手灌的香肠分给大家。姐妹们很高兴，原来一直听说小雨不太好相处，现在看来还是不错的。没想到，等分完香肠之后，小雨竟然说了一句让大家大跌眼镜的话：“我妈妈本来告诉我不让给你们分着吃的，呵呵。”……大家面面相觑，把到了手的香肠又退回小雨手里。

小雨是典型的好心办坏事，如果她换种说法：“我妈妈特意让我把这些香肠给大家分着吃。”这样的话，大家都会感觉到她的真诚，也愿意接受这份礼物。但她的说法却让大家感觉极其不舒服，没办法接受她的礼物。

抓住最后的机会，说好最后一句话有很多值得参考的榜样。

约会结束后，男孩送女孩回家的时候，往往都会说：“今天很开心认识了你，希望下次还有机会和你一起出去玩！”

某电视台的选秀节目，最后一分钟选手们自由发言，善于打动人心的选手这时往往会眼含泪花，饱含深情地说：“其实今天我能够站在台上，都是因为我的妈妈，我的妈妈……”

面试结束时，聪明的面试者会对面试官说：“感谢您给我这个机会，希望有机会多多向您学习，也希望有机会为贵公司效力，希望能得到好消息，有幸与您成为同事，再见。”

人们都会不知不觉地受近因效应的影响，要想别人对自己印象深刻，就要让自己成为最后一个出场的选手，更重要的是说好最后一句话。也许对方早已忘记你说的第一句话，但是分别时的这最后一句话却会久久在他的脑海里徘徊。为什么不抓住这个机会为自己做个广告呢？让自己成为最突出的角色吧。

恰当的安慰犹如“雪中送炭”

丈夫最近工作很忙，公司要从部门选拔一位经理推荐到总部工作。这是个难得的好机会，所以，他每天加班到很晚。今天就是公布结果的日子，妻子在家中准备饭菜，想为丈夫庆功。她正在厨房忙着的时候，门铃响了——丈夫站在门外，垂头丧气，不用说，肯定是选拔没有成功。

妻子愣了一下，接过丈夫的公文包，帮他拿过拖鞋，温柔地说：“亲爱的，累坏了吧？我知道你现在心情不好，你可以什么都不说，不过等你想说的时候，我随时愿意做你的听众。现在，先去洗个澡，我今晚做了你爱吃的红烧肉！”

丈夫的眼里充满了感激，把妻子揽在怀中……

人人都有脆弱的时候，当我们遇到生活中的各种挫折和打击的时候，最希望身边有人能安慰我们。恰当的安慰犹如“雪中送炭”，就像在寒夜行走的人，忽然见到一间亮着灯的房间，进门后主人什么也不问，只为他端上热气腾腾的面条，度过这个夜晚之后，他又能够继续前行。

处于人生低谷的时候，人们的心理防线是最脆弱的状态。这时，爱人、亲人、朋友，甚至是陌生人的安慰都能够让他感觉到温暖、接纳、支持。就像上文中的这位丈夫，虽然没有晋级成功，但妻子恰当的安慰让他感觉到妻子对自己的支持和深深的爱，晋级虽然没有成功但夫妻感情却提升了一个台阶。

安慰别人是我们在生活中都会遇到的情况，能够恰当地给予别人安慰不仅会抚平他们的创伤，也会让彼此的关系更近一步。虽然我们知道在别人脆弱的时候要伸出援手，但心理学家发现，在日常生活中，80% 的人都不会安慰别人。更多的时候，人们都在“好心办坏事”，只有用正确的方式和方法，我们才能让别人感觉到温暖，减少彼此间的心理距离。

当朋友向我们求助的时候，我们往往都因为担心而急于知道事情真相。殊不知，这样做反而让朋友们更加难过，克制住自己的好奇心能让我们最大限度地尊重对方。我们需要做的就是暂时放下心中的一切焦虑，给朋友一个温暖的拥抱，让他稍微平静一下，之后他自然会打开心扉，向你倾诉。

一位心理学家曾说过这样一句话：“最好的安慰是倾听。”有的时候我们只需要倾听，就能缓解他人的情绪。

陈雪有一个妹妹，跟自己不在同一个城市生活，姐妹之间的感情非常好，有事没事都会打打电话讲讲彼此生活中发生的事。这天晚上，陈雪正在做面膜，妹妹给她打来了电话。

“姐姐！你干吗呢？我好烦啊！”

“我在家呢，你怎么了？”

“哎，还不是跟我工作上的事有关嘛！烦死我了！”

“怎么了？说来听听。”

“我们公司新换了个主管，不知道怎么回事，她就是看我不顺眼，老爱挑我的毛病。前天的时候，我正在接待客户……”

陈雪认真地听着，听妹妹细数自己与这位主管的“是是非非”，其实妹妹这种情况非常常见，人事变动之后人们之间都需要有磨合的过程，不过妹妹本身属于那种比较敏感的人，很多时候可能对方并没有故意刁难的意思，但是她自己想多了。在倾听过程中，陈雪有很多次冲动想打断她的话，但是理智告诉陈雪：没必要给她任何建议，她只是找人倾诉，唯有倾听本身，才是最大的安慰。

于是，陈雪一边听她讲主管的挑剔和自己的委屈，一边配合地说一些“嗯”“是吗”“啊”之类的语气词，或者说“真不容易”“我理解你的心情”“你确实受委屈了”……

10分钟过去了，妹妹终于如释重负地对陈雪说：“谢谢你，亲爱的姐姐！其实我也知道没什么大不了，也可能是我想多了。跟你说说之后感觉好多了！对了，你这几天怎么样？过得好不？”

陈雪的做法是非常明智的，她既让妹妹舒缓了情绪，也没有让妹妹对自己产生反感，两个人的感情会比以前更加亲密。我们在生活中总喜欢这样对别人说："别哭了，想开点！""你别这样了，不是还有别的办法吗？""你看你，怎么像个孩子一样！"其实，人是情感动物，遇到状况时都会有情感波动。如果我们否定他们的反应，或者一味地给出建议，会让他们觉得得不到认可，进而排斥我们。

真正的安慰者只会静静地倾听，并且在适当的时候告诉他："难过就哭出来吧！"这样才能让他们的不良情绪得到宣泄，重新燃起对生活的信心。

当然，除了感情的共鸣和心理的安慰，我们还可以采取适时的安慰手段。比如，在他情绪稍微稳定之后陪他外出散步或者参加朋友聚会，专门去吃他喜欢的美食，这些办法都能有效地转移注意力，帮助他舒缓压力。如果真的能够为朋友们提供实质性的帮助，提供一些物质保障，比如为失业的朋友推荐合适的工作，帮需要搬家的朋友物色一个合适的住处等，那才是真真正正的雪中送炭。

汉字的"人"就是一撇一捺，互相扶持。人是社会性动物，需要在与别人的交往中得到被理解、被接纳、被尊重的满足感。当人们受委屈的时候，就需要有人在身边安慰自己，朋友需要安慰的时候，我们要毫不犹豫地伸出援手，这也是进一步增进彼此感情的好时机。

正向评价加深彼此关系

从前，有一个国王，长得十分丑陋：瞎了一只眼睛，瘸了一条腿。有一天，国王召集全国的画师来为他画像，并且下令：“画得好的有赏，画得不好的要斩首！”

画师们一个个胆战心惊，第一个画师想：“这可不是闹着玩的！万一惹得国王不高兴，那就惨了！虽然国王长得丑，还是把他画得漂亮为妙！”于是，他把国王美化了一番，既不瘸也不瞎，仪表堂堂，威严无比。

国王一看画，勃然大怒，说道：“一看这画就知道你是个善于弄虚作假、阿谀奉承的人！留着何益？拉出去斩首！”

第一个画师被杀了。

第二个画师见状，心想：“既然不能弄虚作假，那只能如实画了！”

待画像呈上，国王立即怒火中烧，只见画像上的国王瞎着一只眼，瘸着一条腿，跟现实生活中的他一模一样，哪里有一点儿一国之主的威严之相呢？

国王大声说道：“你竟敢丑化我的形象！此等狂妄之徒，留之何益？拉出去斩首！”

第二个画师也被杀了。

画家们见此情景，个个吓得魂不附体，谁还敢为国王画像呢？画得好不行，画得不好，也一样会被砍头啊！

正在众画师为难之时，人群中闪出一个人来，他双手呈上一幅画像给国王。

国王一看这幅画像，不禁喜笑颜开，连连赞叹，他让群臣观赏此画：只见国王一条腿站在地上，一条腿登在一个树墩上，睁着一只眼，闭着一只眼，正在举枪瞄准猎物。这位画师画的乃是一幅国王狩猎图，多么巧妙的一幅画！

第三个画师得到了国王的重重赏赐！

同样的国王，不同的画师，不同的结果。人们常说，丑陋和美好往往是一念之间，为什么不换个角度看问题呢？第三个画师正是因为充分考虑到了国王的心理需求，把本来是缺点的东西转化为优点，既不失实，又十分巧妙地美化了国王的形象，才得到了肯定和奖赏，免去了杀头之罪。我们在人际交往中，跟第三位画师学习是非常重要的，在跟别人交往的时候，直言不讳地讲出人们的缺点或提意见，人们可能不会接受，巧妙的换一种办法善意地提醒，则能起到事半功倍的效果。

一天下午，查理布夏经过他的一家钢铁厂，撞见几个员工正在抽烟，讽刺的是，他们头顶上正挂着“请勿吸烟”的牌子。这时，布夏先生该怎么办呢？指着牌子说：“难道你们不识字吗？在这里抽烟？”

不，聪明的布夏先生不会这么做。他只是走过去，递给他们每人一支烟，并且说：“老兄，如果你们能到外边抽，我会很感激你们。”

员工自然知道该怎么做，他们以后再也没有在那里抽烟。

虽然犯了错，但是布夏先生并没有批评他的员工，而是用巧妙的方式提醒了他们，相对于批评来说，这种趋向于正向评价的方式也会让人感觉到被尊重，因而会认真考虑你的建议，彼此间的关系自然会更加和谐。但是，很多人并不明白这一点，他们习惯抓住别人的缺点不放，这种人完全不懂得社交心理的奥秘。

富兰克林曾经说：“我的成功秘诀就是只说别人的好处，不谈别人的坏处。”这的确是让自己在社交中受人欢迎的秘诀。但是，富兰克林也是经过了惨痛的教训才总结出这条经验的。

年轻时候的富兰克林正直诚恳，喜欢跟朋友们辩论。一天，他的一位老教友把他喊到一边，对他说：“你常常去攻击人家的错误，这是不对的。你的朋友们都感到你不在的时候十分快乐，因为他们觉得你知道得多，所以没有谁敢和你说话，怕被你反驳得哑口无言。如果你继续下去将会失去更多的朋友，你也不会比现在知道得更多。实际上，你知道的也仅仅是一点点而已。”从此之后，富兰克林痛改前非，换了一种方法与朋友相处，人们就变得越来越喜欢和他相处了。

的确，每个人都喜欢听到赞美的话，正向评价才能加深彼此间愉快的关系，直言不讳的批评不一定有好的效果。

小磊的新婚妻子阿梅，与漂亮、妩媚完全扯不上关系，人们不禁感慨，帅气的小磊怎么找了这样的妻子呢？但令人惊讶的是，半年之后，当人们再见到这对夫妻的时候，不禁惊讶，阿梅已经完全由丑小鸭变成白天鹅了！现在的她时尚靓丽，与之前简直判若两人！

原来，阿梅以前总是对自己的容貌不自信，很少打扮。她觉得自己根本就不属于漂亮女人之列，再怎么打扮也不会有效果，因此在生活中就越来越懒惰，自然不会让人觉得赏心悦目。那小磊有什么魔力让阿梅的改变如此之大呢？其实，方法非常简单，当阿梅穿着不适合自己的衣服时，小磊什么都不说，装作没看见一样；但是，如果碰巧哪天阿梅穿了适合的衣服，戴了合适的饰物，小磊便发自内心地说：“老婆，你真漂亮！”慢慢地，阿梅渐渐找回了自信，也更加懂得穿衣打扮了。

凡事都有两面性，激励别人的时候，我们要善于看到对方好的一面，如果小磊在阿梅每次穿错衣服的时候都指责阿梅眼光不好，那么阿梅可能再也不能重拾自信；但是，每当阿梅穿对的时候，都能获得小磊的鼓励，这对阿梅来说绝对是良好的正向激励，她也因而表现得越来越好。当我们想改变一个人的时候，不要盯着他犯错的时候，而应当在他做对的时候，大大的奖励他一下！只有这样，对方才会变得越来越好，两个人的关系才能越来越牢固。

社交高手们天生就知道如何激励别人，而不是强迫别人接受自己的意见，他们会用合适的方法拉近人们和自己的距离，恰当地赞美别人、激励别人就是一个很好的办法。喜欢听恭维话是人性的弱点，我们在交往中要时时注意对方的心理感受，正面评价会带来不可思议的改变，也会让彼此间的关系更加融洽。

第三章　完美女青年为何成了剩女

哪些特性决定你是否受欢迎

在人际交往中，要得到别人的喜欢，就得让别人熟悉你，而熟识程度是与交往次数直接相关的。交往次数越多，心理上的距离越近，越容易产生共同的经验，彼此了解并建立友谊，由此形成良好的人际关系。

空间距离影响着友谊的建立

请你想一想：在你成长的过程中，谁是你最亲近的朋友。多数情况下，他们可能是和你邻近的孩子们。

相同的现象也常常发生在大学宿舍里。有研究者统计发现，许多大学生总是和最近宿舍里的人最友好，和那些被安排住得最远的人最不友好。更使人吃惊的是，类似情况发生在更为亲密的关系中，比如婚姻。例如，美国一个对 20 世纪 30 年代的一个城市结婚申请的研究显示，有 1/3 的夫妻由双方住所相隔不超过 5 个街区的人组成，而且随着地理上距离的增大，证书的数量下降。并且，这些结果还不包括有 12%的人在婚前就有相同的地址。

上面的这些都说明，空间距离在决定友谊方面有着极大的影响。社会心理学家对住在综合楼房里的已婚大学生的友谊做了仔细、详尽的研究。他们发现了在综合楼中空间的特定结构和友谊发展的关联性。

例如，他们发现友谊和相互间公寓的邻近性有密切联系。住在一门之隔的家庭比住在两门之隔的更可能成为朋友；那些住在两门之隔的家庭比住在三门之隔的更可能成为朋友，以此类推。而且，住得离邮箱和楼梯近的人比住得离这类特色结构远一些的人在整幢楼中有更多的朋友。

也许你会感到疑惑，这个邻近性和吸引相关的事实是否是因为相互喜欢所以选择彼此住近一些。然而，研究发现，邻近性对喜欢有同样的影响。例如，对被根据姓氏字母顺序安排教室座位和房间的受训警察的研究发现：两个受训者的姓氏在字母表上的顺序越接近，他们就越有可能成为朋友。

显然，邻近性为友谊发展提供了机会，尽管它并不确保友谊一定会发展。

为什么邻近性能产生喜欢？首先，邻近的人，低头不见抬头见，为了拥有一份美好的心情，人们不得不与邻近的人搞好关系。其次，由于熟悉，即使是简单的人际互动也会提高我们对他人的好感。最后，根据交换理论，人们在互动过程中，总是希望以较小的代价换取最大的报酬，而邻近性满足了这一要求。

西方心理学家对此最简单的解释是“离得近的人比离得远的人更有用”。因为离得近，接触的机会多，刺激频率高，选择朋友就比较容易。一个人和我们住得越近，我们就越能了解他，与他也就越能成为朋友。

但是，邻近性是否就一定具有人际吸引力呢？事情并不那么简单。我们知道，自己所喜欢的人往往是邻近的人，而自己所厌恶的人也往往是邻近的人。所以，邻近是吸引的必要条件，但不是唯一的条件，只有当邻近的人具备了相互满足需要这一条件，或者说，人们对邻近者怀有好感时，邻近性才会产生吸引力。比如，同在一个单位工作的人，有的关系非常融洽，彼此默契配合，工作效率倍增；而有的关系则相当紧张，甚至到了有你无我的程度。这些都是在邻近关系中时常发生的现象。但是，事情也是相对的，离开了具体的情境，离开了满足需要这一人际关系的基础，忽视了其他因素的作用，就会把邻近性孤立起来而犯绝对化的错误。

“郎才女貌”为什么最登对

在人际交往中，不仅特征相似的人会相互吸引，彼此之间差异较大的人也能够建立较为亲密的关系。这就表明人不仅有认同的需要，也有从对方那里获得自己所缺乏的东西的需要，这就是互补性。互补性是指在需要、兴趣、气质、性格、能力、特长和思想观念等方面存在差异的人，可以在活动中相互吸引。当交往双方的需要或满足需要的途径刚好成为互补关系时，彼此就产生了强大的吸引力，即A所具有的长处正是B不具备的，而B所拥有的优势正是A没有的，他们对对方的互相倾慕造成了A与B的相互吸引。因为A和B都能满足对方的需要，所以双方一拍即合。

值得注意的是，需求的互补性是以交往双方都得到满足为前提的，如果不能满足这一要求，那么那些相反的特性就不能够产生互补，如高雅和庸俗、庄重和轻浮、真诚和虚伪，等等。所以，互补性是有条件的，它不是绝对的。能否实现互补吸引还需要看它们是由哪些人格特质构成，因为互补性的实现在很大程度上取决于一个人的人格特质。

罗伯特·温奇研究了已婚和已经订婚的若干对伴侣的个性特征后发现，人们往往选择那些能够补充自己人格特征的人作为朋友或伴侣。例如，一个有支配性格的人和被动型的人相处得很好，双方能够建立和维持密切的友谊关系；独断专横的人和优柔寡断的人会成为好朋友；活泼健谈的人和沉默寡言的人会结成亲密的伙伴。这是因为彼此之间可以取长补短，互相满足对方的要求。所谓“郎才女貌”“男刚女柔”，正是对异性伴侣互补吸引的诠释。

一般来说，人际交往中的互补吸引包括两种情况，一种是：交往中的一方能满足另一方的某种需要，或者弥补某种短处，那么前者就会对后者产生吸引力。如能力强、有某种特长、思维活跃的人，对能力差、无特长、思维迟缓的人来说，就具有吸引力；依赖性特别强的人愿意和独立的人在一起；脾气暴躁和脾气温和的人能够成为好朋友；支配型的人和服从型的人能够结为秦晋之好，试想，如果夫妻两个都是支配型的人，那家中还能太平吗？

互补的另一种情况是：因为别人的某一特点满足了你的理想，而增加了你对他的喜欢程度。比如，一个看重学历的人，自己又没有拿高学历的机会，就会很看重高学历的朋友，等等。

任何人都会有一些缺点，而且性格不是那么容易改变的。为了弥补自己的不足，我们往往在寻求生活伴侣和事业伙伴时，会注意寻找能弥补自己缺点的人。

比如，小张是一个好与人争辩且十分任性的人，他找的是一个大大咧咧的老婆。小张之所以喜欢她，是因为她能够让小张从容地依照自己的步调行事，不和他较真，让他很安心。

在事业的合作上，寻找和自己互补的人是非常重要的。比如，比尔·盖茨原来自己经营微软公司，时间长了，逐渐发现自己在管理方面的能力有某种欠缺，而且他自己真正的兴趣是在软件开发上，所以逐渐感到分身乏术、力不从心，工作兴趣也下降了。他认识到管理方面需要有专门的人才来为他打理，后来就找到了大学时的同学鲍尔默。而鲍尔默恰恰是个管理方面的天才，他热情万丈，善于影响别人，善于调动职工的积极性。对于比尔·盖茨来说烦琐乏味的管理工作，对于他来说则是乐趣无穷。这就形成了很好的互补关系，他们强强联合，终于缔造了辉煌的成就。

个性品质体现一个人的魅力

个性品质是体现人格魅力的一个重要方面，它在人际交往中会对人产生一定的影响。如果拿一个外表漂亮但内心自私、乖戾、不近人情、唯我独尊的人和一个虽然其貌不扬却为人真诚善良、宽容大度的人相比较，你喜欢哪一个？你一定会毫不犹豫地回答：后者！的确，一个人的外貌、才华固然在社会交往中有一定优势，但一个人的个性品质往往在社会交往中更显其独特的魅力。

心理学家诺尔曼·安德森曾进行了一次研究，他共列出555个描写个性的形容词，让被试指出他们在多大程度上喜欢有这些特点的人。研究结果表明：被试评价最高的品质是真诚，而评价最低的是说谎。见下表。

个人品质受喜欢程度分类表		
真诚	固执	古怪
诚实	刻板	不友好
理解	大胆	敌意
忠诚	谨慎	饶舌
真实	易激动	自私
可信	文静	粗鲁
智慧	冲动	自负

（续表）

个人品质受喜欢程度分类表		
可信赖	贪婪	好斗
有思想	腼腆	不真诚
体贴	易动情	不善良
热情	羞怯	不可信
善良	天真	恶毒
友好	不明朗	虚假
快乐	好动	令人讨厌
不自私	空想	不老实
幽默	追求物欲	冷酷
负责	反叛	邪恶
开朗	孤独	装假
信任	依赖别人	说谎

由上表我们可以看出，在一般的人际关系中，个人的许多个性品质，如真诚、有能力、热情、忠诚、慷慨、有教养等都是人际吸引的重要因素，其中真诚和热情是很受人欢迎的个性品质。男性让人喜欢的个性品质有勇敢、冒险、创造、坚韧不拔、不屈不挠、宽宏大量、襟怀坦荡、不拘小节、理智、正直、忠诚、有思想、思维灵活、事业心强、期望水平高等。女性让人喜欢的个性品质有温柔体贴、善解人意、富有同情心、为人随和有亲和力、情操高尚、有正义感、待人真诚、让人信赖、开朗活泼、可靠等。无论是男性还是女性，最有吸引力的个性品质都是真诚。

研究还发现，妨碍人际吸引的个性品质主要有以下几个方面。

虚伪：与虚伪的人交往，常常使人担心会受骗上当，从而缺乏安全感。

自私自利：这种人只关心自己的需要，不关心他人的需要，自然没有吸引力。

不尊重别人：这种人常常挫伤别人的自尊心，破坏别人对尊重的需要，当然会遭到排斥。

报复心强：与报复心强的人交往会使人担心稍有不慎就遭报复，感到心理紧张，自然要疏远他们。

嫉妒心强：嫉妒心实质上是企图剥夺别人已经得到的物质上和精神上需要的满足，当然惹人反感。

猜疑心重：与猜疑心重的人相处，常令人感到冤枉委屈，难以从内心亲近他们。

苛求于人：这种人吹毛求疵，常使人自尊心受挫，人们当然远离他们。

过分自卑：过分自卑的人给人留下低能和卑贱的印象，缺乏吸引人的魅力。

骄傲自满：骄傲自满的人使人感到威胁。

自吹自擂：自吹自擂的人难以赢得别人的信任，吸引力较弱。

孤独固执：孤独固执的人使人难以与之和谐共事，所以他们缺乏吸引力。

由此可见，要想有完好的人际关系，就要有完好的个性品质，在生活中加强个性修养。

能力出众但有小错误的人更具吸引力

美国心理学家阿伦森发现，与十全十美的人相比，能力出众但有一些小错的人最有吸引力，是人们最喜欢交往的对象。这种现象就是“犯错误效应”。

阿伦森的实验验证了这一现象的存在，他让被试看 4 个候选人的演讲录像，这 4 个人是：一个几乎是完美的人；一个犯过错误的能力出众的人；一个平庸的人；一个犯过错误的平庸人。

看完录像后，让被试评价哪一种人最具有吸引力。

结果表明，犯过错误、能力超众的人被认为最有吸引力。几乎是完人的人居于第二位，其次是平庸的人和犯过错误的平庸人。

阿伦森的实验很好地证明了生活中常见的一些现象：有一些看起来各方面都比较完美的人，往往不太讨人喜欢；而讨人喜欢的，往往是那些虽然有优点，但也有一些明显缺点的人。

为什么会这样呢？这是因为，一般人与完美无缺的人交往时，总难免因为自己不如对方而有点自卑。但如果发现精明人也和自己一样有缺点，就会减轻自己的自卑，感到安全，也就更愿意与之交往。你想，谁会愿意和那些容易让自己感到自卑的人交往呢？所以，不太完美的人，更容易让人觉得可亲、可爱。

从另一个角度来看，世界上不可能存在真正完美、没有缺点的人。如果一个人总是表现得很完美，倒很容易让人怀疑其中有造假的成分。或者说，故意把自己表现得很完美，这本身恐怕就是一个缺点。

而且，那些追求完美的人，一定活得比一般人更累，而且与他们生活在一起或合作的人，也容易因为被他们要求完美，而活得比较累。

有一位女青年，具有高学历，长得也很漂亮，事业上也很有成就。她在方方面面都对自己严格要求，在很多人眼里，可以说是一位相当完美的人。当然她在择偶方面的标准也相当高，稍有缺点的就看不上，觉得配不上自己。她觉得婚姻是终身大事，不能马虎，宁可等着，也不能将就。结果，抱着这样的观念，一晃40岁了，还是孑然一身。她自己感到很奇怪，像她条件这样好的人，为什么就不能被好男人发现呢？

其实她不知道，正是她的“完美”把许多男士吓着了。每个人固然希望自己的对象能具有较多的优点，可是如果这个人真的十全十美，也让人受不了。首先，你会怕自己配不上对方；其次，因为对方要求高，你稍有缺点，他（她）就要求你改正，你肯定会活得很紧张、很累。

如果让人们选择是活得累而完美，还是活得轻松而有缺陷，恐怕大多数人都会选择后者。

实际上，缺点和优点也要辩证地看。人是一个有机的整体，往往是因为他有这个优点，才导致他有另一个缺点。比如，一个慷慨大方的人，可能也有大大咧咧、容易粗心的毛病；一个爱干净、处处完美的人，也可能显得小气和斤斤计较。很多时候，就看你选择什么，放弃什么，往往你选择一个优点，就必须放弃另一个优点。

古人说，“水至清则无鱼”。接受自己和他人的缺点，是一种实事求是，也是一种达观的表现。

氛围影响交往效果

为了丰富学生的课余生活，某大学专门邀请一位著名教授举办了一个讲座，但由于临时改变地点，时间仓促来不及通知学生，结果到场的人很少。教授到了会场才发现只有十几个人参加。

他有点尴尬，但不讲又不行，于是他灵机一动，说："会议的成功不在人多人少，中共第一次党代会才到了12人，但意义非同小可。今天到会的都是精英，我因此更要把课讲好。"

这番话把大家逗得开怀大笑。这一笑，活跃了气氛，再加上教授讲课充满激情，那一次的讲座非常成功。

人际交往就如同舞台上的演出，为了演出的成功，不仅需要很好的台词、演技，还需要一种看不见、摸不着，却必不可少的要素——氛围。就像电影中，要用背景音乐来渲染气氛。在人际交往的场合，也往往需要营造点氛围，使交际能顺利地进行下去。

在人际交往活动中，如果把交际桌看成是会议桌，气氛就很难营造起来，也无法让对方投入。想让对方投入，就要靠自己的带动。有一种生意人，他们在会议桌上非常严肃、非常理智，到了社交场合，又放得很开，与人斗酒、唱卡拉OK、开各式各样的玩笑，一副百无禁忌的样子。其实，他们是在营造交际气氛。

在日常生活中，个人的情绪体验是受多种因素影响的，光线、气温、噪声以及卫生条件等都会左右我们的情绪，而这些情绪反应又影响到人际吸引力。梅和汉密尔顿的实验研究就证明了不同音乐背景对人际吸引力的影响。他们以女大学生为被试，首先测定她们最喜欢和最不喜欢的音乐，然后请她们评定一些陌生男性的照片，在评定过程中播放不同的背景音乐作为衬托。结果发现，当碰到她们喜欢的音乐作为背景时，对照片中的人物评价较高；

当用她们不喜欢的音乐作为评价背景时，对照片中人物的评价往往较低；而在没有音乐背景配合时，评价介于上述两种情况之间。

个体的体验不仅受物理环境的影响，同时还受个人的知识、经验、个性等因素的影响，带有强烈的个人主观色彩。在人际交往中，我们应当看出个体的主观体验会影响我们对一个人的评价。当我们作为社交活动的组织者或主导的一方时，应当注意环境布置的细节问题，使客人们能在清洁舒适、平等友好的场合中畅所欲言。同时，在具体的交往场合中，我们自己又要发挥理智的、能动的调节作用，尽量客观地评价交往对象，不要受环境氛围的迷惑。

在和谐、融洽的交际氛围中，在平等、自由等具有安全感的人际情境中，我们更愿意进行主动的交流与沟通。因而，在人际交往时，我们要善于通过环境、幽默的言谈等营造良好的交际氛围，以增加吸引力。

越接触越有好感的“曝光效应”

有心理学家曾经做过这样一个实验。

在一所中学选取了一个班的学生作为实验对象。他在黑板上不起眼的角落里写下了一些奇怪的英文单词。这个班的学生每天到校时，都会瞥见那些写在黑板角落里的奇怪的英文单词。这些单词显然不是即将要学的课文中的一部分，但它们已作为班级背景中不显眼的一部分被接受了。

班上学生没发现这些单词以一种有条理的方式改变着——一些单词只出现过 1 次，而另一些却出现了 25 次之多。期末时，这个班上的学生接到一份问卷，要求对一个单词表的满意度进行评估，列在表中的是曾出现在黑板角落里的所有单词。

统计结果表明：一个单词在黑板上出现得越频繁，它的满意率就越高。

心理学家有关单词的这个研究证明了曝光效应的存在，即某个刺激的重复呈现会增加这个刺激的评估正向性。与“熟悉产生厌恶”的传统观念相反，实验表明某个事物呈现次数越多，人们越可能喜欢它。

曝光效应不仅使人们对经常见到的单词的喜爱程度增加，在人际交往中也同样适用。这就是说，交往次数越多，人们之间越容易形成重要的关系。一般来说，交往的频率越高，刺激对方的机会越多，“重复呈现”的次数越多，越容易形成密切的关系。两个人从不相识到相识再到关系密切，交往的频率往往是一个重要的条件。如果像俗话所说的“鸡犬之声相闻，老死不相往来”那样，没有一定的交往，则情感、友谊就无法建立。当所有其他因素相等时，一个人在另一个人面前出现的次数越多，对那个人的吸引力就越大，这种现象常发生在看到某人照片、听到某人名字之时。

在人际交往中，要得到别人的喜欢，就得让别人熟悉你，而熟识程度是与交往次数直接相关的。交往次数越多，心理上的距离越近，越容易产生共同的经验，彼此了解并建立友谊，由此形成良好的人际关系。例如，教师和学生、领导和秘书等，由于工作需要，交往的次数多，因此较容易建立亲近的人际关系。

美国心理学家扎琼克在 1968 年曾经进行了交往次数与人际吸引的实验研究。他将被试不认识的 12 张照片，按概率分为 6 组，每组 2 张，按以下方式展示给被试：第一组 2 张只看 1 次，第二组2张看2次，第三组2张看5次，第四组2张看10次，第五组2张看25次，第六组2张被试从未看过。在被试看完全部照片后，另加入从未看过的第六组照片，随后要求所有被试按自己喜欢的程度将照片排序。结果实验发现一种极明显的现象：照片被看的次数越多，被选择排在前面的机会越大。

由此可见，简单地呈现确实会增加吸引力，彼此接近、常常见面的确是建立良好人际关系的必要条件。

当然，任何事物都是辩证的，不是绝对的，我们应该承认交往的次数和频率对吸引的作用，但是不能过分夸大其对交往的作用。俗话说，距离产生美，任何事情都存在一个度的问题。有些心理学家孤立地把研究重点放在交往的次数上，过分注重交往的形式，而忽略了人们之间交往的内容、交往的性质，这是不恰当的。实际上，有时，交往次数和频率并不能给我们带来预想的结果，反而会适得其反。

突出个性，淡化共性

苏联心理学家莱斯托夫发现了一个非常有趣的现象，在一场人数众多的宴会上，主人按照惯例与来宾一一握手时，能马上记住他们名字的，往往是那些身形、相貌、年龄、地位等方面最为突出的人。而那些普普通通、没什么特色的人，主人几乎对他们没有印象。

我们在生活中也有这样的经验，与恋人的第一次相遇或者牵手的那天，会深深印在我们脑子里；去影院看了一场电影，也许你记住的只是几个精彩镜头；逛街时，橱窗里一件造型怪异的衣服会让我们驻足好久；提起《三国演义》，人们脑海中马上会浮现出这样的形象：足智多谋的诸葛亮、气量狭小的周瑜、义盖云天的关羽、行事莽撞的张飞……

万绿丛中一点红，在众多事物中突出最精彩的一点，才能够引起人们的注意。莱斯托夫研究发现，特殊的单词和奇特的面孔比规则的单词和普通面孔更能被人记住。人们把这一现象称为“莱斯托夫效应”。

那么，在纷繁的社交生活中，怎么才能让别人留下深刻印象呢？——突出你的个性，淡化你的共性！让突出的个性留在对方记忆里！

20世纪初，冰心出版了诗集《繁星》和小说集《超人》之后，很多异性都向她表达爱慕之情，然而冰心都不为所动。

1923年8月，冰心正与一些中国学生乘坐“杰克逊”号邮船西去美国留学。冰心受人委托想找一位名叫吴卓的同学，但却机缘巧合，认识了一位名叫吴文藻的人。两个人初次见面，相谈甚欢，天南海北地聊了很多。

当他们聊到拜伦和雪莱的时候，冰心表示，她并没有看过他们的作品。吴文藻很惊讶，面对这位人人爱慕的文坛才女，他竟然毫不客气地说：“你如果不趁在国外的时间，多看一些课外的书，那么这次到美国就算是白来了！”

一直以来，都是别人的甜言蜜语和恭维奉承，冰心还从来没有听见过这样逆耳的忠言，那颗骄傲的心被深深地刺痛了！虽然身边追求者众多，冰心最后还是选择了这位心直口快、正直善良，又有才华的年轻人作为一生的伴侣。

山珍海味也总有吃腻的一天，当突然有一个不一样的声音响起的时候，却让冰心印象深刻。第一次见面就直言不讳地指出对方的不足，冰心还是第一次遇到这样的人，也因此对他有了特别的印象并且产生了好感。也可以这么说，正是吴文藻率真的个性才成就了这段美满姻缘。

如果能言善辩是你的优点，那么你一定要抓住机会展现自己，只有别人了解你之后，才能够对你刮目相看。

孟尝君原名田文，是其父40多个儿子之中的一个。由于不是正室所生，他并没有得到父亲的青睐。在40多个儿子中，怎么样才能成为父亲最青睐的？这个问题对孟尝君来说至关重要。他必须要展现自己最突出的才华，才能让父亲对自己刮目相看。一天，孟尝君主动找到其父亲，说有事想请教，其父应允了。

于是孟尝君问父亲："儿子的儿子是什么？"

其父说："是孙子。"

孟尝君又问："孙子的孙子呢？"

其父说："是玄孙。"

孟尝君又问："玄孙的孙子呢？"

其父说："这我就不知道了。"

于是孟尝君接着说："父亲您在三代齐国国君手下担任了宰相。在这期间，您的财富不断增加，但门下却没有贤能的人才，我们齐国的土地也未见增加。孩儿听说将门必有将，相门必有相，虽然您的后宫佳丽个个都穿着绫罗绸缎，可门下人却破衣烂衫；您的仆人顿顿吃肉，门下人却在吃糠咽菜，这样的话将来您依靠什么长远发展呢？您积攒了这么多钱财，到底是想送给谁呢？另外，朝廷的事情我觉得您也关注得越来越少，这真是很奇怪的事情。”

其父觉得他说的有道理，没想到这个儿子竟然有如此的眼光和气度。于是就问他：“那你有什么好主意呢？”

孟尝君说：“不如把这些钱财用在天下精英身上。”

于是，他的父亲决定就让他来操办此事。

这是孟尝君人生中的第一次机会！他靠自己的雄才大略和能言善辩从众多的兄弟中脱颖而出，得到了父亲的重用。从此以后，孟尝君开始主持家务、广纳贤才、接待宾客。父亲死后，孟尝君继位于薛，以广招宾客、食客三千闻名，成为赫赫有名的战国四公子之一。

如果不是孟尝君向父亲展示自己，恐怕也不会成就日后的荣耀人生。懂得把自己的特点亮出来，展示出来，人们才会记住你！

现代社会是一个张扬个性的社会，网络上各种“红人”层出不穷，他们就是利用了这种心理学效应才让自己脱颖而出。我们在社交中也要充分发挥自己的优势，只需突出一两点，就足以让对方记住你！如果性格活泼，亲和力比较强，就应该在与人见面时充分发挥这一特色；如果擅长理性分析，在公司开展某些研究项目的时候，也可以向上司毛遂自荐；如果烧得一手好菜，可以请心仪的对象来家里做客，“顺便”展示一下你的厨艺……

总之，展示自己身上的亮点，让其在别人的记忆里闪闪发光！

用你的人格魅力吸引他人

一天，一位不速之客突然闯入洛克菲勒的办公室，直奔他的写字台，并以拳头猛击台面，大发雷霆：“洛克菲勒，我恨你！我有绝对的理由恨你！”接着那人恣意谩骂他达几分钟之久。办公室所有的职员都感到无比气愤，以为洛克菲勒一定会拾起墨水瓶向他掷去，或是吩咐保安人员将他赶出去。

但洛克菲勒没有采取任何过激的行动。他停下手中的活，和善地注视着这位攻击者，那人愈暴躁，他就显得愈和善！

那名无理取闹者被弄得莫名其妙，情绪渐渐平静下来。因为一个人发怒时，遭不到反击，是坚持不了多久的。他是准备好了来此与洛克菲勒摊牌，并想好了洛克菲勒要怎样回击他，他再用想好的话去反驳。但是，洛克菲勒就是不开口，所以他也不知该如何是好。

最后，他又在洛克菲勒的桌子上敲了几下，仍然得不到回应，只好索然无味地离去。而洛克菲勒就像根本没发生任何事一样，重新拿起笔，继续他的工作。

没有人是孤立的，我们都与别人有千丝万缕的联系，别人在影响我们的同时，我们也在影响他。如果洛克菲勒与之针锋相对，那么事情就会越闹越大，也会给公司带来不良影响。但是，洛克菲勒宽容的态度、和善的眼神让对方慢慢冷静下来，和平解决了这件事。最值得称道的是“洛克菲勒就像根本没发生任何事一样，重新拿起笔，继续他的工作”。这是怎样的胸襟和气度？又是怎样的人格魅力！

人格魅力是指一个人在性格、气质、能力、道德品质方面有很强的吸引人的力量，一个具有人格魅力的人，最能够征服别人，人格魅力是人际交往中最重要的因素之一。具有人格魅力的人就像一块磁铁，源源不断地向外辐射能量，把周围的人牢牢地吸引过来。我们在生活中也可以提升自己的人格魅力，从各个方面修炼自己。

在人际交往中，微笑是我们的第一“名片”，它能够生动地表达出说话者美好的内心情感，拉近自己与对方的距离或者缓和尴尬局面。邵逸夫正是巧妙地运用微笑，使其更具迷人的魅力与风度的。

20 世纪 60 年代初，在邵氏公司举行的一次盛大宴会上，工商界的名流、文艺界的知名人士以及演艺界明星齐聚一堂。影星林黛的母亲席间向邵逸夫劝酒，也许是邵逸夫精神不集中，他没有注意到。

林黛的母亲受到怠慢，一怒之下将杯里的酒泼到邵逸夫脸上，众目睽睽之下，人们一片哑然。可是，邵逸夫若无其事，还是那样微笑着：“老太太醉了！”

在场的人无不佩服他的笑功与自制力！适时的微笑顾全了影星林黛的面子，酒会没有不欢而散，而是在愉快的氛围中继续进行着！

的确，具有人格魅力的人对待他人真诚、友善，富于同情心，这样的人最善于跟别人交往，如果别人犯错或者做得不好的时候，他们都能用巧妙而恰当的方式处理。

有一位表演大师上场前，他的弟子告诉他鞋带松了。大师点头致谢，蹲下来仔细系好。等到弟子转身后，又蹲下来将鞋带解松。

有个旁观者看到了这一切，不解地问："大师，您为什么又要将鞋带解松呢？"

大师回答道："因为我饰演的是一位劳累的旅行者，长途跋涉让他的鞋带松开，可以通过这个细节表现他的劳累与憔悴。"

"那你为什么不直接告诉你的弟子呢？"

"他能细心地发现我的鞋带松了，并且热心地告诉我，我一定要保护他的这种热情，及时地给他鼓励。至于为什么要将鞋带解开，将来会有更多的机会教他表演，可以下一次再说啊。"表演大师说。

这就是大师和平凡人的区别，他们不会把事情做绝，而是凡事留有余地，他们会保护别人的自尊心，充分顾忌别人的感受，至于其他的事情则可以留到以后再说。很多人在与人交往的时候不懂得弹性思维，殊不知，张弛有度是人际交往中的原则之一，只有这样才能体现自己的人格魅力，让自己的人际关系更加融洽。

一个具有幽默感的人，一定会具有强大的人格魅力，因为他总能强烈地感受到自己力量的存在，所以能够从容地应对各种尴尬困苦的窘境，英国前首相温斯顿·丘吉尔正是这样的一个人。

丘吉尔有一个习惯，一天之中无论什么时候，只要一停止工作就爬进热气腾腾的浴缸中去洗澡，然后裸着身体在浴室里来回踱步，以事休息。二战期间，一次，丘吉尔来到白宫，要求美国给予军事援助。当他正在白宫的浴室里光着身子踱步时，有人敲浴室的门。“进来吧，进来吧。”他大声喊道。门一打开，出现在门口的是罗斯福。他看到丘吉尔一丝不挂，便转身想退出去。“进来吧，总统先生。”丘吉尔伸出双臂，大声呼喊，“大不列颠的首相是没有什么东西需要对美国总统隐瞒的。”看到此景的罗斯福会心一笑，也被丘吉尔的机智幽默所折服。

就是通过这样直白坦率而又幽默的方式，丘吉尔最终赢得了美国总统的信任，让美国和英国结成了同盟，从而帮助自己的国家走出了困境。

生活中的你，是整天一副严肃的表情，还是常能于妙趣横生中化干戈为玉帛呢？幽默是智慧的象征，也是交往的润滑剂，更是一种胸怀和境界。丘吉尔适时的幽默不仅化解了尴尬局面，还让自己和美国总统的距离更近一步。

人格魅力就像电磁波一样，它会不断向外辐射能量，影响周围的人，让他们不自觉地向自己靠拢。当人心向着你的时候，你就拥有了一切：朋友、人脉、资源、财富、地位和名望。提高人格魅力不是一天两天就能修炼而成的，生活中的点点滴滴都是我们的机会，聪明人懂得抓住机会，用自己的人格魅力辐射四周。

第四章　如何让投诉变成表扬

寻找心理突破点，建立亲密关系

自我暴露是促进人际交往的重要因素，它能够促进人们相互之间的交流，通过越来越深入的交流增进感情，加深彼此关系。适当的自我暴露对建立健康良好的人际关系必不可少，只要我们掌握分寸，拿捏好尺度就能够起到正向的促进效果。

依恋理论诠释的人际关系

依恋最早源于对婴儿和哺育者（大多数是指母亲）之间交往行为的研究。在对母子依恋的研究中，最著名也最有影响的是安丝沃思等人的实验研究。

安丝沃思根据鲍尔比的依恋理论，和她的同事们设计进行了“陌生情境”的实验。在实验中，安丝沃思等人将几十个 1 ～ 2 岁的幼儿放在一个陌生的环境中，让这些幼儿与母亲分离，和陌生人在一起。通过对幼儿在这些情景中的行为表现的观察，安丝沃思等将母子依恋的类型分为以下三种类型。

1. 安全型

这类幼儿与母亲有着安全的情感联系。当与母亲在一起时，幼儿喜欢与母亲接近，但不总是靠在母亲身边，而是放心地玩耍；当母亲离开时，他们会表现出不同程度的痛苦；当母亲回来时，他们会立即接近母亲，寻求抚慰，并很快恢复平静，继续玩耍。

他们对陌生人表现出不同程度的警戒，但也会表现出试图接近和友好的态度。这类幼儿的母亲往往对幼儿的情感需要比较敏感。

2. 回避型

这类幼儿对母亲采取一种回避的态度。当母亲在场时，幼儿很少理会，而当母亲离开时，幼儿也漠不关心；当母亲再回到身边时，他们会回避与母亲的交往，当母亲抱他们时会挣脱或移动身体。他们对待陌生人甚至比对待母亲的回避还要少。

3. 矛盾型

这类幼儿对母亲怀有矛盾的情感。当母亲离开时，他们表现得极为痛苦；而当母亲回到身边时，他们却又拒绝同母亲接触，要花费很长时间才能使情绪平静下来。这类幼儿在陌生环境中哭得最多，玩耍最少，也难以与陌生人接近。这类幼儿的母亲，往往情绪变化大，对幼儿的情感需要所做的反应不一致，有时对幼儿表现出亲近、依恋；而当幼儿在表现出痛苦和反抗时，又会对幼儿表现出粗暴的态度。

不仅是婴幼儿，在其他年龄阶段也可以观察到类似的行为模式。比如，学前儿童与同龄人的交往、夏令营中青少年建立友谊的方式、青少年维持友谊的方式，以及一些狂热、不稳定的人际关系等。有研究者对机场中的成年人进行观察后发现，当丈夫离开时，妻子的反应与儿童相似。爱人要离去，妻子可能会感到轻微的不安，感到无法接受和情绪压抑，表现得既悲伤又愤怒。

由此可见，依恋是婴儿出生后最早形成的人际关系，是成人后人际关系的缩影。安全型的个体无论处于何种年龄阶段，都能很好地与他人交往，而回避型的个体在人际交往中遇到困难最多，矛盾型处于两者之间。

研究发现，安全型的人自尊心较强，对他人有积极的态度，因而他们渴望与他人建立亲密关系，并在这种关系中也感到舒适。例如，安全型的人在工作中信任同事，能与别人合作。还有一些研究报告指出，安全型的人与父母关系温馨，并且会使用正向、积极的词语来描述自己过去或现在的家庭生活。与其他类型相比，安全型的人性格温和，对人友好，对冲突也有积极和建设性的预期。并且，他们最适于建立持久、牢固和愉快的关系。

回避型的特点是对自己采取否定态度，却对他人有积极的期待，希望得到别人的爱与接受。因此，这种人在人际交往中也寻求亲密（有时寻求过度的亲密），但是他们同时又会因为觉得自己不值得被人爱而感到焦虑和羞愧，而这种情况的极端便是对可能遭到的抛弃感到焦虑不安，一方面需要爱与赞赏，另一方面又埋怨自己，因而当人际关系出现危机时，这种人很容易抑郁。

矛盾型的人对自己和他人的态度都不积极。他们会尽量减少人际交往、避免亲密关系，使自己免于承受被人抛弃的痛苦。矛盾型的人描述父母的词多是负向的，并且往往不把事情弄明白就开始发怒、产生敌意；与恋人或将来的恋人相处时，他们也很少感到亲密与幸福。这种风格与不良的人际关系、嫉妒感等方面有关联。

有研究者认为不同依恋风格的人在人际关系中倾向不同的思维、感受及行为方式。不同依恋风格对行为的不同影响，部分取决于社会知觉的差异和情感调节能力。例如，在处理关系上，回避型的人比安全型的人更倾向用悲观消极的方式来做出解释，情绪上也有更多的不安。矛盾型的人也会用消极的方式来解释交往事件，但不会有不安的情绪，他们通过不去回忆来进行防御，以免受伤。与非安全型的人相比，安全型的人对社会情境中的信息进行加工时，更富有好奇心，在做判断时更懂得依赖新信息。

依恋风格是决定人际行为、人际关系的一个重要因素，但是，这并不意味着每次交往的失败都要归咎于出生后的头几个月。

绽放迷人笑容，赢得他人好感

飞机起飞前，一位乘客请求空姐给他倒一杯水服药。空姐很有礼貌地说：“先生，为了您的安全，请稍等片刻，等飞机进入平稳飞行状态后，我会立刻把水给您送过来，好吗？”15分钟后，飞机早已进入平稳飞行状态。突然，乘客服务铃急促地响了起来，空姐猛然意识到：糟了，由于太忙，忘记给那位乘客倒水了。空姐来到客舱，看见按响服务铃的果然是刚才那位乘客。她小心翼翼地把水送到那位乘客跟前，面带微笑地说：“先生，实在对不起，由于我的疏忽，延误了您吃药的时间，我感到非常抱歉。”这位乘客抬起左手，指着手表说道：“怎么回事，有你这样服务的吗？”无论她怎么解释，这位挑剔的乘客都不肯原谅她的疏忽。

在接下来的飞行途中，为了补偿自己的过失，每次去客舱为乘客服务时，空姐都会特意走到那位乘客面前，面带微笑地询问他是否需要帮助。然而，那位乘客余怒未消，摆出一副不合作的样子。

临到目的地前，那位乘客要求空姐把留言本给他送过去。很显然，他要投诉这名空姐。飞机安全降落，所有乘客陆续离开后，空姐紧张极了，以为这下完了。没想到，她打开留言本，却惊奇地发现，那位乘客在留言本上写下的并不是投诉，相反却是一封热情洋溢的表扬信："在整个过程中，你表现出的真诚的歉意，特别是你的12次微笑，深深打动了我，使我最终决定将投诉信写成表扬信。你的服务质量很高，下次如果有机会，我还将乘坐你们这趟航班。"空姐看完信，激动得热泪盈眶。

在人际交往中，我们要赢得他人的好感，必须要学会微笑，像故事中的那位空姐一样，用自己迷人的微笑来赢得他人的好感。绽放迷人的笑容，是赢得他人好感的永恒法宝。

在现实生活中，多数人都渴望获得他人的好感。想要获得别人的好感，以下几点应铭记于心。

1. 塑造良好形象

首先要做到谦虚而不自卑、自信而不狂妄、倔强而不固执，这样才能给别人留下好的印象。此外，要充实知识自己，培养广泛的兴趣爱好。爱好和兴趣是广交朋友的一个重要媒介。

2. 善于语言表达

无论是在座谈会上，还是在朋友相聚的场所，如果你有见解，就要大胆地表明，若是一言不发、一味害羞、不敢启齿，不仅给人软弱无能的印象，还会在众人面前降低你的价值。当然，言语表达要注意掌握分寸，注意发言场合，切忌花言巧语，令人讨厌。

3. 尊重对方

在与别人交往中，要尊重对方，讲究礼仪，不在背后议论别人，不做势利小人，这会使你在短暂的时间内就能给对方留下一个良好的印象。

4. 做一个好的倾听者

在交谈中，鼓励他人谈论自己是最重要的，因为人们永远都更加关注自己的表达内容，而疏忽了别人。要赢得他人的好感，就要学会倾听。

5. 让对方觉得自己很重要

“三人行，必有我师”，如果对方知道你在向他学习，一种自己很重要的感觉就会油然而生，那么他就会对你产生更多的好感。

幽默是个性，更是能力

幽默使生活充满了情趣，哪里有幽默，哪里就有活跃的氛围。

在人际交往中，幽默是心灵与心灵之间快乐的天使，拥有幽默就拥有爱和友谊。

一个秃头者，当别人称他“理发不花钱，洗头不费水”时，他当场变了脸，使原本比较轻松的环境变得紧张起来。一位演讲的教授，也是一个秃头，他在自我介绍时说：“一位朋友称我聪明透顶，我含笑地回答：‘你小看我了，我早就聪明绝顶了。’”然后他指了指自己的头说，“我今天演讲的题目是外表美是心灵美的反映。”教授就这样开始了自己的演讲，整个会场充满了活跃的气氛。

同样是秃头，同样容易受到别人的揶揄和嘲谑，为什么不同的人得到的却是别人不同的反应，其间的缘故就是个人是否有幽默感。

幽默家兼钢琴家波奇，有一次在美国密歇根州的福林特城演奏，发现听众不到一半，他当然很失望也很难堪，但是他走向舞台时却说："福林特这个城市的人一定很有钱，我看到你们每个人都买了两三个座位的票。"于是整个大厅里充满了欢笑，波奇也以寥寥数语化解了尴尬的场面。

由此可见，幽默不仅反映出一个人随和的个性，还显示了一个人的乐观、智慧以及随机应变的能力。但需要注意的是，幽默既不是毫无意义的插科打诨，也不是没有分寸的卖关子、耍嘴皮。幽默要在入情入理之中，引人发笑，给人启迪。

生活中应用幽默，可以缓解矛盾，调节情绪，促使心理处于相对平衡状态。著名的喜剧大师卓别林曾说："通过幽默，我们在貌似正常的现象中看出了不正常的现象，在貌似重要的事物中看出了不重要的事物。"

幽默并非天生就有，而是需要自己用心培养。那么，怎样培养幽默感呢？

1. 首先要领会幽默的真正含义

幽默不是油腔滑调，也非嘲笑或讽刺。正如有位名人所言：浮躁难以幽默，装腔作势难以幽默，钻牛角尖难以幽默，捉襟见肘难以幽默，迟钝笨拙难以幽默，只有从容、平等、超脱、游刃有余、聪明透彻，才能幽默。

2. 扩大知识面

幽默是一种智慧的表现，它必须建立在丰富的知识基础上。一个人只有具有审时度势的能力、广博的知识，才能做到谈资丰富、妙言成趣，比喻恰当。因此，要培养幽默感，必须广泛涉猎、充实自我，不断从浩如烟海的书籍中收集幽默的浪花，从名人趣事的精华中撷取幽默的宝石。

3. 陶冶情操

幽默是一种宽容精神的体现，要使自己学会幽默，就要学会宽容大度，克服斤斤计较，同时还要乐观。乐观与幽默是亲密的朋友，生活中如果多一点趣味和轻松，多一点笑容和游戏，多一份乐观与幽默，那么就没有克服不了的困难，也不会出现整天愁眉苦脸、忧心忡忡的痛苦者。

4. 培养敏锐的洞察力

提高观察事物的能力，培养机智、敏捷的能力，是培养幽默的一个重要方面。只有迅速地捕捉事物的本质，以诙谐的语言做出恰当的比喻，才能使人们产生轻松的感觉。

当然，在幽默的同时还应注意，重大的原则不能马虎。不同问题要不同对待，在处理问题时要极具灵活性，做到幽默而不俗套，使幽默为人们的精神生活提供真正的养料。

以情动人，直抵他人心扉

1952年，年轻的参议员尼克松在为共和党人艾森豪威尔竞选四处奔波时，《纽约时报》报道了尼克松在竞选中秘密受贿的新闻，消息一经传出，共和党人乱了阵脚。为了摆脱困境，共和党不得不出此下策，让尼克松在电台上向全国选民做半小时讲话，成败在此一举。

就在尼克松走进演播室之前，他被告知，艾森豪威尔决定要他在广播结束后提出辞呈。在最关键的时刻，共和党决定抛弃他。

然而，尼克松并没有惊慌失措，他稍加镇定便调整好了状态，并迅速采取措施。演讲中，他竟然向选民公布了自己的财务状况，这是前所未有的举动。他情真意切地告诉选民，自己出身贫寒，曾在杂货店送货，半工半读念完大学，和自己的夫人是一对贫贱夫妻……这些事也是每天发生在民众身边的事，让人觉得是那么熟悉，那么亲切。最后，他饱含深情地告诉大家："我还应该说，帕特甚至没有一件皮大衣……"

当他走出演播厅的时候，欢呼声淹没了他。全国有100万人打来电话，或是发来信件，几乎每个著名的共和党人都给尼克松发来了赞扬的函电。事实澄清了，更重要的尼克松也赢得大批选民的心，他成了政界冉冉升起的一颗明星。

尼克松出奇制胜的秘诀就是，暴露自我、以情动人、直抵心扉！听到如此情真意切的演讲，有谁不会被打动呢？尼克松的讲话让人们觉得，站在讲台上的并不是一个政客，而是一个与自己一样过着普通生活，为了五斗米折腰的小人物，顿时对他产生了亲切感，选民的心理天平不知不觉中向他倾斜了。这样的演讲较之苍白的解释，不知要生动多少倍，也取得了收买人心的最佳效果。

自我暴露是人们自愿地、有意地把自己的真实情况暴露给别人的行动，它所透露的情况是他人不可能从其他途径获得的。尼克松在演讲中透露自己的财务状况就是典型的自我暴露，除非他自己公布于众，否则人们很难知道他的财务状况如何。自我暴露能够起到非常好的社交效果，心理学家发现：良好的人际关系，是在人们自我暴露逐渐增加的过程中发展起来的。随着我们对一个人的接纳性和信任感越来越高，我们也会越来越多地暴露自我，同时我们也要求别人越来越多地暴露他们自己。

但是，自我暴露是讲究原则和分寸的，根据心理学家的说法，人们的情感、兴趣爱好等，如饮食、偏好、日常情趣、消遣活动的选择等属于自我的最表面水平，可以根据场合适当暴露；对于某一个人的看法、时事政治的观点等等属于第二层次，指我们对事物的态度；而第三层次是我们的人际关系以及自我概念状况，这一层次涉及很多个人隐私，不适宜自我暴露，比如我们与父母的关系、我们的恋爱状况、自己的心结等，只有对于特别亲密的人，我们才会涉及第三层次的自我暴露。

对于初次见面的陌生人或者关系不是很深入的人，主动向对方展示自己的优点、爱好，等等，有助于拉近彼此的关系，增加亲密度。

陈辉是一位医疗器械公司的业务代表，一次去参加一个全国性的医疗器械会议。在飞机上遇到了一位院长，他也是参加这个会议的，两个人于是攀谈了起来，聊天中他发现这位院长特别喜欢京剧，无奈传统文化渐渐淡出人们的视线，知音难遇。而碰巧的是，陈辉虽然是年轻人，但他父母都是省文工团的工作人员，而且他从小就喜欢京剧。两个人越谈越投机，从京剧的历史、各派的唱腔到京剧的发展，越谈越开心，甚至还唱上两句！惹得飞机上同行的人们都投来异样的目光，但这并不影响他们二人之间的友情，两个人因此而成了忘年交。

会议结束后，两个人也保持着密切往来，院长的关系网也帮陈辉搞定了一个几十万元的医疗器械合同订单。

陈辉和这位院长正是因为京剧结缘，不但结成了深厚的友谊，还对陈辉的事业发展起了推波助澜的作用。我们可以想象，跟院长保持良好的关系，会让陈辉以后的事业之路越走越宽。可见，与陌生人交谈时，适当的展示自己或者透露自己的兴趣爱好是极其重要的。

真正亲密关系的建立要靠信任和不断与人相处才能慢慢加深。因而，要想与别人成为要好的朋友，自我暴露必须逐步深入才行。我们在生活中也有这样的体验，刚刚结识的朋友之间可能只会聊些“今天天气好吗”“你想去听谁的演唱会”这样的话题，当关系渐渐深入之后，我们才会把心里话和盘托出，将对方真正视为“自己人”。不过，像“男人的收入”和“女人的年龄”等“保密”性质的隐私就不要交换和暴露了，以免说得过多或问得过多让对方产生反感。

在职场中尽量避免将隐私暴露给别人，因为那样常常会引起意想不到的后果。

林晓是一个非常开朗、非常坦诚的女孩，对朋友总是敞开心扉、无所不谈，所以林晓的社交圈比较广，也很受同事的欢迎。在公司的小圈子里，林晓跟杨琳是一直关系比较近，她们两个几乎无话不谈。

最近，林晓发现了一个奇怪的现象，那就是自己好像喜欢上了顶头上司郭阳！心无城府的她把杨琳当成好姐妹，于是把心里的秘密告诉了杨琳，她希望杨琳能给自己出出主意，因为公司是明令禁止谈恋爱的。杨琳安慰了林晓一番，告诉她好好工作，心思先别放在别的事情上，林晓觉得一阵温暖，杨琳还是为了自己好。

但是事情有点不对劲，几天之后，林晓发现总有同事用异样的眼光看自己，她觉得十分不解，自己也没做错什么事，大家为什么这么看我呢？一天，林晓在洗手间无意间听到了两个同事的对话："哎，你听说了吗？林晓喜欢郭阳！""真的吗？你可别造谣，咱们公司可是明令禁止谈恋爱，再说人家郭阳有女朋友。""千真万确，据说是杨琳说的，她俩关系那么好，还能错吗？"……

林晓气愤极了，没想到竟然是所谓的"好友"出卖了自己！这时她才明白，为什么前几天公司临时把一个她接手的项目让杨琳来负责！职场如战场，林晓的一片真心竟然被人利用，真是比吃了黄连还要苦！但是，这次她也学到了一个深刻的教训，在职场中还是要注意不能把过多的私人信息和隐私掺杂进来。

自我暴露是促进人际交往的重要因素，它能够促进人们相互之间的交流，通过越来越深入的交流增进感情，加深彼此关系。适当的自我暴露对建立健康良好的人际关系必不可少，只要我们掌握分寸，拿捏好尺度就能够起到正向的促进效果。

拿捏好最佳的社交距离

你要坐公交车出去玩，上车后你发现只有最后一排还有几个座位，走在你前面的一位大爷坐在了中间，旁边还有两个座位，这时，你会坐在哪里呢？一般情况下，你多半会坐在两边靠窗户的座位上，而不会紧挨着那位大爷坐下。这是因为人与人相处需要一定的距离。

叔本华曾经讲过一个“刺猬哲学”：一群刺猬在寒冷的冬天相互接近，为的是通过彼此的体温取暖以避免冻死，可是很快它们就被彼此身上的硬刺刺痛，相互分开；当取暖的需要又使它们靠近时，它们又重复了第一次的痛苦；它们在两种痛苦之间转来转去，直至它们发现一种适当的距离使它们能够保持互相取暖而又不被刺伤为止。根据叔本华的这一比喻的延伸，人与人之间也应有一定的距离，即“身体距离”和“心理距离”。“身体距离”即“私人空间”；“心理距离”即“孤独感”。

所谓“私人空间”，是环绕在人体四周的一个抽象范围，用眼睛没法看清它的界限，但它确确实实存在，而且不容他人侵犯。无论在拥挤的车厢还是电梯内，你都会在意他人与自己的距离。当别人过于接近你时，你可以通过调整自己的位置来逃避这种接近的不快感；但是挤满了人无法改变时，你只好以对其他乘客漠不关心的态度来忍受心中的不快，所以看上去神态木然。

在车站、公园供人休息的长凳上，通常坐两端的人多，一旦两端位置都有人占据，几乎很少有人会主动去坐中间的位置。我们通常能够看到这种现象，最多能坐 4 个人的一排长凳，先来的人坐在长凳的正中，后来的人会坐在长凳的一边，而正中的人则会挪到长凳的另一端。于是，原本可以坐 4 人的长凳，两个人就“客满”，难怪现在公园、车站都已改为长排单只座位。

一位心理学家做过这样一个实验。在一个刚刚开门的阅览室里，当里面只有一位读者时，心理学家就进去拿椅子坐在他或她的旁边。实验进行了整整80人次。结果证明，在一个只有两位读者的空旷的阅览室里，没有一个被试能够忍受一个陌生人紧挨自己坐下。在心理学家坐在他们身边后，被试不知道这是在做实验，更多人很快就默默地远离到别处坐下，有人则干脆明确表示："你想干什么？"

就一般而言，交往双方的人际关系以及所处情境决定着相互间自我空间的范围。美国人类学家爱德华·霍尔博士划分了四种区域或距离，各种距离都与双方的关系相称。

1. 亲密距离

这是人际交往中的最小间隔，即我们常说的"亲密无间"，其范围在6英寸（约0.15米）之内，彼此间可能肌肤相触、耳鬓厮磨，以至相互于能感受到对方的体温、气味和气息；其远范围是6英寸到18英寸（0.15米～0.44米）之间，身体上的接触可能表现为挽臂执手，或促膝谈心，仍体现出亲密友好的人际关系。

就交往情境而言，亲密距离属于私下情境，只限于在情感联系上高度密切的人之间使用。在社交场合，大庭广众之下，两个人（尤其是异性）如此贴近，就不太雅观。在同性别的人之间，往往只限于贴心朋友，彼此十分熟识而随和，可以不拘小节，无话不谈；在异性之间，只限于夫妻和恋人之间。因此，在人际交往中，一个不属于这个亲密距离圈子内的人随意闯入这一空间，不管他的用心如何，都是不礼貌的，会引起对方的反感，也会自讨没趣。

2. 个人距离

这是人际间隔上稍有分寸感的距离，较少有直接的身体接触。个人距离的近范围为1.5～2.5英尺（0.46～0.76米）之间，正好能相互亲切握手，友好交谈。这是与熟人交往的空间。陌生人进入这个距离会构成对别人的侵犯。个人距离的远范围是2.5～4英尺（0.76～1.22米），任何朋友和熟人都可以自由地进入这个空间。不过，在通常情况下，较为融洽的熟人之间交往时保持的距离更靠近远范围的近距离（2.5英尺）一端，而较为陌生的人之间谈话则更靠近远范围的远距离（4英尺）一端。

人际交往中，亲密距离与个人距离通常都是在非正式社交情境中使用，在正式社交场合则使用社交距离。

3. 社交距离

这已超出了亲密或熟人的人际关系，而是体现出一种社交性或礼节上的较正式关系。其近范围为4～7英尺（1.2～2.1米），一般在工作环境和社交聚会上，人们都保持这种程度的距离。

社交距离的远范围为7～12英尺（2.1～3.7米），表现为一种更加正式的交往关系。公司的经理们常用一个大而宽阔的办公桌，并将来访者的座位放在离桌子一段距离的地方，这样与来访者谈话时就能保持一定的距离。比如，企业或国家领导人之间的谈判、工作招聘时的面谈、教授和大学生的论文答辩等，往往都要隔一张桌子或保持一定距离，这样就增加了一种庄重的气氛。

4. 公众距离

这是公开演说时演说者与听众所保持的距离。其近范围为12～25英尺（约3.7～7.6米），远范围在25英尺之外。这是一个几乎能容纳一切人的“门户开放”的空间，人们完全可以对处于空间的其他人“视而不见”、不予交往，因为相互之间未必发生一定联系。因此，这个空间的交往，大多是当众演讲之类，当演讲者试图与一个特定的听众谈话时，他必须走下讲台，使两个人的距离缩短为个人距离或社交距离，才能够实现有效沟通。

人际交往的空间距离不是固定不变的，它具有一定的伸缩性，这依赖于具体情境、交谈双方的关系、社会地位、文化背景、性格特征、心境等。

我们了解了交往中人们所需的自我空间及适当的交往距离，就能有意识地选择与人交往的最佳距离。而且，通过空间距离的信息，我们还可以很好地了解一个人的实际社会地位、性格以及人们之间的相互关系，更好地进行人际交往。

增强与他人亲密感的社交技巧

有位老谋深算的公司经理，计划利用手上的客户资源开办一家新公司赚笔大钱。于是，他找了两名以前的手下，共商创业的事。后来他发现他们人数太少，很难成功。于是他要他的手下另外再找 7 个人，组成 10 个人的创业团队。

他的手下顺利地找到了他们所需要的人手。这位经理却发现，他与这 7 个新伙伴根本就不认识，他们是否值得信任实在是一个大问题。

于是他想到了每晚分别与一个新伙伴共进晚餐的好办法。席间他除了交代各人的职责，还郑重地向他们表示“我也跟你们一样需要钱”。

结果，由于彼此有了共同的目标，这个计划最终成功了。

上例中，彼此由于有着共同的目标，距离迅速拉近了。在人际交往中也是一样，若你与对方有共同的目标，则很容易就能增加彼此之间的亲密感。除了共同目标能够增强亲密感，还有其他一些增强亲密感的技巧。

1. 与人初次相见，坐在他的旁边较易进入状态

相信每个人都有过这样的经验，那就是与人面对面谈话时，往往会特别紧张。因为人与人一旦面对面，视线难免会碰在一起，所以容易造成彼此间的紧张感。

相反的，与人肩并肩谈话，在精神上绝对比面对面谈话要来得轻松。因此，与人初次相见，坐在他的旁边往往较容易进入状态。这一点同样适用于与异性约会的时候。

2. 尽量制造与对方身体接触的机会，缩短彼此心里间的距离

事实上，每个人都拥有一个无形的“自我保护圈”，除非是非常亲密的人，否则不容易侵入这个范围。但反过来说，假如对方已经侵入了这个圈，则往往会产生对方是自己亲密者的错觉。人与人之间有了直接的接触，彼此间的距离会一下子缩短许多。

因此，若想在短时间内缩短与初识者间的距离，最简单的方法就是尽可能地制造与对方身体接触的机会。

3. 若与对方有共同点，就算再细微的也要强调

“你家住哪……哦，那个地方我以前常去，附近是不是有一家卖香烟的杂货店？”像这样，为了缩短与对方之间的距离，只要是可以拉近彼此距离的话题，就算再细微的也要强调。

因为人与人之间一旦有了共同点，就可以很快地消除彼此间的陌生感。这样不但可以使对方感到轻松，同时也具有使对方说出真心话的作用。事实上，我们每个人都具有这样的心理。例

如，两个陌生人一旦发现彼此竟然曾就读于同一所小学，顷刻间就会产生对方是“自己人”的感觉，立刻打成一片。

因而，与人交往时，找到一些共同点强调一下，往往会收到意想不到的效果。

4. 常用“我们”这两个字可以拉近彼此的距离

我们在听演讲时，对方说“我认为……”带给我们的感受，将远不如他采用“我们……”的说法，因为采用“我们”这种说法，可以让人产生团结意识。

5. 每次见面都找一个对方的优点赞美，是拉近彼此间距离的好方法

有一家商店生意非常兴隆，原因就在于他们店里的每一位店员，都不断地与购物的人聊天。他们除了会向客人打招呼，还不断地找客人的优点来夸赞。例如，他们会向一位太太表示“您这件洋装很漂亮”，然后向另一位太太表示“您的发型很好看”。

他们虽然不断地赞美别人，却会按每一位客人不同的个性，选择适当的赞美词。因此很自然的；在这些客人的潜意识中，就会产生到这家商店购物就可以受到赞美的心理，因而越来越喜欢到这家商店购物。

如果我们每次见面都被人夸赞，自然而然地会想再见到这位赞美我们的人，这是任何人都会有的心理。因此，每次见面都找出对方的一个优点来赞美，可以很快拉近彼此间的距离。

6. 闲聊自己曾经失败的事比谈自己成功的事，更易拉近彼此间的距离

人们在一起的时候，常会聊一些话题来拉近彼此间的距离。此时如果谈自己曾经失败过的事，会比谈自己成功的事，更容易拉近彼此间的距离。因为老是炫耀自己成功的事情，容易让人反

感，从而留下不好的印象。

7. 把与自己关系密切的人的名字写在电话记事簿的首页，会让他欣喜万分

当你到一位交往很久的同事家做客，尽兴地谈完准备回家的时候，他对你说：“这些文件待会儿再送到您家。”说完他顺手打开电话记事簿，准备确认你的电话号码与住址。突然间你发现，你的名字竟然被写在第一位，老实说，你当时一定非常高兴！

每个人对“自己”都非常敏感，因此一旦发现自己受到与众不同的待遇时，不是感到非常兴奋就是感到非常愤怒！

把与自己关系密切的人名写在备忘录的首页，往往可以让对方感到高兴，从而收到意想不到的效果。

心理设防是为了掩饰自身不足

小林是某大学三年级的学生，性格十分内向，平时和同学在一起话特别少。和一个同学单独在一起的时候，小林都不知道该说些什么，有时还不敢说话。其实，小林平时在家和家人总是有说有笑的，就是一见到外人就变得话很少了，有时他也想和同学聊天，但话到嘴边就想不起来了，有的时候也会说一些，但总是很少。他觉得自己的性格无法适应现在的社会发展，内心觉得十分苦恼。

心理学家分析，像小林这样面对家人话多，面对外人话少的情形是设防心理在起作用。所谓设防心理，就是与他人相处时所

产生的防范心理。在人际交往中，这是一种较普遍的心理，比如感到没有自己的空间，或总是怕对他人说心里话被人笑话，等等。

专家提出，适度的设防心理在人际交往过程中有一定的积极作用，可以帮人们分辨是非、真伪、优劣以及防止被别有用心的人利用，等等，所以他们提倡在社交过程中谨记："害人之心不可有，防人之心不可无。"但过度的设防心理又会在社交过程中产生负面作用，它会使周围人与自身产生心理距离，阻碍正常的人际交流。所以，在交往中设防过度是很难适应社会的，但是，我们还是要相信社会上善良的人占多数，与人交往时要以信任、尊重和爱的态度和行为去对待他人，相信他人也会以同样的方式来对待我们。

一位心理咨询师曾经收到过这样一封来信。

××老师：

你好！

我是一名大学毕业刚参加工作不久的女孩。在单位里，同事都来自大城市的干部家庭或是知识分子家庭，而且大多毕业于名牌大学。而我则来自偏僻的小县城，毕业于谁也没有听说过的学校，更难以启齿的是我出身于农民家庭。在单位里，我最怕同事问我来自哪里，是哪个学校毕业的，父母在做什么。一旦有人问起，我就编一些诸如父母都是大学教授的谎话。由于我说话时带有乡音，为了避免暴露，在单位里我就尽量少说话。业务上有问题，我也不敢向那些名牌大学毕业的同事请教，因为我怕被他们看不起，更怕他们问我是哪个大学毕业的。即使业余时间同事们一起出去玩，我也是能不去尽量不去，因为我怕他们看出我的生活习惯不像是城里人。

最近，我交了个家庭条件很好的男朋友，为了在男友面前有面子，我就对他说我家和他家一样富有。可是，说完这话我又开始不安，害怕以后他去我家的时候会露馅。唉，我觉得这样活着真累，但是不这样我又能怎么办呢？我经常会听到同事们奚落、嘲笑小城市的人和农村人，我不想成为他们嘲笑的对象啊！

一个内心感到太累的女孩

这是一名觉得自己内心很累的女孩的来信。其实，她的苦恼来源于心中的设防太多。

她的这种心理设防，完全是自卑的表现。不可否认，生活中的确有一些人常常靠讥笑别人来获得某种心理满足。这种现象，造成了不少缺乏自信的人为了避免被这些人讥笑而拼命地装扮自己，甚至不惜用一个又一个的谎言来掩饰自己。但他们没有意识到，这样做反而会使他们更加自卑，心灵也会越来越脆弱。结果，常常是别人一句无关紧要的话语，也可能给他们带来很大的心理压力。

事实上，众多的心理设防都是为了掩饰自己的不足。可是，这样的人往往忽略了自己的长处。其实，换个角度来看，某些弱点的暴露反而更加说明你的弱点不过如此而已，而你的长处、你的可爱可敬之处，就是一道独特的风景。那么，你还有什么可设防的呢？

所以，我们每个人都应当尊重和正视真正的自己，勇敢地推翻虚妄的自己，不仅要承认现实，还要勇于向别人承认自身的不足。这样，我们就没有了重重心事，也不再因担心别人会窥见我们的某种不足而整天不安，在如此轻松自如的心态下，自卑感就会渐渐消失。当人们放下沉重的心理包袱，解除心中的设防时，便可以逐渐完成由弱至强、由自卑到自信的转换。这样如释重负的感觉，不但会让人变得快乐起来，而且成功和幸福也会在不远处向人招手。

避免“心理卷入程度过高”

小惠有位很好的朋友小莉。小莉的家庭生活并不幸福，她在家经常与婆婆产生摩擦，从而导致与丈夫的关系也不和谐，夫妻俩经常吵架。小惠每次听小莉声泪俱下地控诉完婆婆与丈夫的不是，感觉到小莉那份难以启齿的难受之后，心中也一样难受万分，可是却没有办法解决。眼看自己帮不了好朋友的忙，小惠也闷闷不乐，心情差到极点。

小惠也曾在心里一遍遍劝诫自己：小莉有困难她自己会解决的，自己没必要也跟着痛苦不堪。然而，一遇到小莉有什么事，小惠又会烦躁不安。

这种过度为他人操心和受他人影响的心理情绪，在心理学上称为“心理卷入程度过高”。心理卷入程度过高是指个人在心理上与环境信息的关联程度过高。例如，在人际交往中，有人会过分地关心朋友的事情，朋友遇到困难了，他比朋友还忧心忡忡；朋友办事出现失误，他比朋友还内疚和自责。

心理卷入程度过高的人，很容易受到外界环境的影响，总是把自己和周围的环境联系在一起，导致情绪波动大，行为控制不当，进而出现心理问题或人际关系障碍。

造成心理卷入程度过高的原因，主要是当事人不自信，比如特别在乎别人的议论，担心遭到别人的否定和排斥。此外，由于个体心理独立性发展不完善，个人的状况和心理状态易受环境和他人的影响。再者，因为缺乏必需的社会知觉和人际交往技巧，当事人不会恰当地判断事件与自己的关联程度以及自己的行为可能给对方造成的影响。

解决心理卷入程度过高的问题，一是要信任别人，相信别人能为自己的事负责、能解决好自己的问题，不要越俎代庖，负自己不该负的责任；二是加强自信和独立性，有自我价值观与生活支撑点。只有消除在心理上对他人的依赖，才能驾驭自己的生活和情感。

许多初涉社交圈中的人常犯的一个错误就是“好事一次做尽”，以为自己全心全意为对方做事会使关系融洽、密切，事实上并非如此。因为人不能一味接受别人的付出，否则心理会感到不平衡。“滴水之恩，涌泉相报”，这也是为了使关系平衡的一种做法。如果你总是在帮别人，使人感到无法回报或没有机会回报的时候，愧疚感就会让受惠的一方选择疏远。因而，留有余地，好事不一次做尽，这也是平衡人际关系的重要准则。

“过度投资”，不给对方喘息的机会，会让对方的心灵窒息。留有余地，彼此才能自由畅快地呼吸。如果你想帮助别人，而且想和别人维持长久的关系，那么不妨适当地给别人一个机会，让别人有所回报，不至于因为内心的压力而使双方的关系疏远。

对症下药，与讨厌的同事相处

菲菲在一家外企工作，刚工作两周就和同事彭娜因工作问题而发生了些不愉快的事情，为此还有了口角。彭娜当着很多同事的面把菲菲数落了一顿。当时菲菲特别生气，但是彭娜是老同事，菲菲虽然心里生气，也不能把她怎么样，而且心想可能是当时彭娜也在气头上吧，所以气过之后也再没把这件事情放在心上。

后来，菲菲见了彭娜主动跟她打招呼，彭娜也微笑着点头。菲菲以为这件事情就这样过去了。但是两周后的一天，菲菲却偶然听见了彭娜在和一位同事对自己说三道四，话很难听，此时菲菲才知道彭娜只是表面上跟自己和好，实际上一直在同事中传自己的坏话，她这才认清了彭娜的真面目。

同处一个办公室，可能会遇到各种各样的人，有人心地善良，可是也有人心性狡诈，比如笑里藏刀或者喜爱挑拨离间，与这样的人共事无疑是一件棘手的事情。但无论怎样，不能让他们影响我们工作的心情。

对笑里藏刀的同事，表面上要和他维持友好关系，暗地里却要对他加以防范，与他的交往只限于公事，个人隐私及其他同事的是非等一概守口如瓶，凡事有所保留。

至于对爱挑拨离间者，最佳方法是在工作时间以外跟他们保持距离，并切记言行要谨慎。可能的话，大可联合其他同事一起远离他，令他变得势孤力弱。

还有一类人好生事端，常因一些小事大发雷霆。遇上这等与你无关的事情或言论，最好不要提意见或妄下断语；与自己有关的也宜保持低姿态。所有公事按制度办事，要做报告的话，最好将事件始末以白纸黑字呈报上级，是与非由上级裁决，当然别忘了维持自身的风度，事后保持缄默。

面对讨厌的人、你无法理解的人、关系僵持的人，你可以尝试以下方法。

（1）站在对方的角度考虑问题，多看看别人的优点而不是死咬缺点不放，学会宽容。

（2）尊重对方，关心对方，多赞扬对方，不要不舍得开金口。

（3）和攻击性较强的人相处，对方的话不必放在心上，除了侮辱人格时应义正词严。

（4）在关系僵持或恶化的时候，一定要主动表示友好，不要碍于面子而难为情。

（5）要投其所好，如果对方喜欢打球，那么可以在私下与他打球，改善关系。

在人际交往中，人际沟通的能力很重要，人际适应的能力更为重要，要学会心平气和地处理问题。

处理好异性同事关系

芳芳是名职业女性，有老公，有小孩。但最近感觉有些莫名其妙，单位有个男同事经常打电话找她聊天（手机费是单位出的），如果不接，感觉对人家不礼貌；如果接，大多是聊点无关紧要的废话，有工作上的、生活上的，有机会的话一起聚聚吃个饭什么的。但芳芳一直以来没有答应过他，说实话对他也没什么反感的地方。芳芳为此很苦恼。

这则案例充分暴露出异性同事如何交往的问题。同处一个办公室，异性同事间刻意保持距离，隔得远远的，会被认为太冷漠；而太接近的话，则可能要承担“性骚扰”的罪名。两性之间的相处，复杂而微妙，处理不好，心中不舒服，对工作也会产生不利影响。

其实，对于同处一间办公室的人而言，首先需要建立健康的两性相处心态。如今，两性的工作交流非常频繁，实在不能再以男女授受不亲的老观念来衡量。即使已婚，也不代表要和异性保持距离，以免犯忌。过分拒绝和异性相处，将会妨碍职场角色的扮演。事实证明，有两性的工作空间通常比单一性别的环境要愉快和谐，效率也要高一些，所以两性间绝不能采取隔离策略，两性之间和谐相处对工作有利无害。

人人都希望被异性重视、仰慕，一个人如果平时多注意观察和吸取他人的长处，不计较他人的短处，就会觉得同事之间好相处。

在与异性同事的交往中，对异性采取大方、不轻浮的态度是一个很重要的原则。

同处一间办公室，该如何与异性同事共处呢？具体说来要注意以下几个方面。

1. 多做一些

无论男性、女性，越是会工作的人就越擅长应酬。为了打造一种舒适的工作环境，主动承担简单的室内清洁及沏茶倒水工作，能起到工作润滑剂的作用。

2. 不能有过分的举动

在公司内相恋的情侣并不少见，但问题就出现在相恋的同事身上。办公室是工作的场所，众目之下，见到了意中人也不能有过分亲密的举动。看上了某位异性同事，因为不便表达自己的心情而烦恼，这时应当约对方到外面去接触。如果对方是同一个公司的同事，查一下对方的电话号码，很快就能联系上。与其在工作中借机打招呼，不如在下班以后，爽爽快快地打一声招呼，对方也会很高兴的。

3. 对异性一视同仁

对刚刚参加工作、地位低下的年轻女性施以同情，或者看到漂亮的女性时不知不觉地庇护起来，并把所有工作都委派给她，这往往是一些男性自然而然做出的事。但是，其他女性对这种事情会非常敏感："×× 先生喜欢那个女孩，太偏爱她了。"如果不想给造谣者机会，就应对全体女性一视同仁，平等对待。如果确有喜欢的女性，最好到外面去约会。

与同事和谐相处五原则

与同事相处，应该真诚。当他在工作上有困难时，你应该尽心尽力予以帮助，而不是冷眼旁观，甚至落井下石；当他征求你的意见时，你不要向他发出毫无意义的称赞；当他在无意中冒犯了你，又没有跟你道歉时，你要以无所谓的心态，真诚地原谅他，如果今后他有求于你，你依然要毫不犹豫地帮助他。与同事相处，还应遵循以下几个原则。

1. 不要有亲疏远近

同一个部门的同事，与脾气相投的 A 每天都高兴地寒暄，中午约在一起吃午饭；相反，对不易结交的 B 就不大爱打招呼。由于亲善与疏远而改变了与对方的交往方式，尽管这是个人的小事，但同在一个部门，这样做并不好。

许多人来到一个共同的工作岗位，常常碰到不能情投意合的人，而在工作中却难免要和这种人协作、打交道。因此，有必要努力从平时做起，出于公心处理好与他们的关系，同时注意严格区分公与私的问题。

2. 不要随便分担别人的工作

无论多么要好的同事，背着上级互相分担或帮助别人工作都是不允许的。公司有各种各样的职务分工，它是一种有序的制度，无视这一点，会使某一方面的工作受到损失。互相帮助、鼓励是件好事，但应当禁止多余的帮助与随意的插手。

3. 交谈时不要涉及他人隐私

“交给老婆多少奖金？”“是不是被女朋友甩了？”说话时涉及这类内容，即便单位里只有一人在场，也是侵犯了他人的隐私。的确，两个人谈一谈个人生活方面的心里话，会增加双方的亲密感，并且也并非“谁都不愿说”这种秘密，但是，在公司里说出来，就很容易形成谣传。因此，要想保持同事间的良好关系，就不要随便涉及他人的隐私。无话不说的“知心朋友”保留一两个人就可以了。

对于新同事，在他们熟悉工作之前，要耐心指导他们，这样才能显示出你的胸襟宽广。但是，也要给他们一定的自主权，不要因为他们是新同事而事事代劳。与新同事相处应该遵循以下原则。

1. 不要没头没脑地批评

培养新参加工作的同事，最重要的是“加强表扬”。当然，每个人无论做什么事都可能会失败，但如果在此时不分青红皂白地训斥，则会产生不利影响。要么使没有做好工作的人畏缩不前，要么会造成对方的反抗行为。如果说“我也经历过同样的失败”“如果改为这样做，就会更好了”，对方就会认为你能够理解他，会深受鼓舞。这样做效果很好，有益于今后的工作。

对于工作努力的新同事，应当经常说一些“干得很出色”“不错，继续努力”等夸奖的话，其重要意义在于让他们鼓足勇气。

2. 尊重他人的意见

心理学家库鲁特·罗宾在《认识的不协调理论》一书中指出：人只接受并理解自己选择的东西。也就是说，假如是按照自己的意见或办法去做工作，他就会干劲倍增。反之，按照他人（比如老职员）强加的意见和做法干，就不易领会，干劲也就无从谈起。如果新职员将一件工作干得得心应手了，老职员就应当尊重他们的意见和建议，这样有利于他们的成长和发展。

第五章　成为对方的“知心人”

我们为何喜欢那些喜欢我们的人

人不是冷血的动物，每个人都有自己的感情，这些感情不仅仅需要别人了解、感受，也需要得到他人的共鸣。心理的共振、感情的共鸣很容易帮助我们建立起良好的人际关系，因为“情”字是世界上最温暖、最能够拉拢人心的字眼。

物以类聚，人以群分

有心理学家曾做过一个实验：要求一些年轻人回忆他们结交的一位最亲密的朋友，并列举这位朋友与他们自己的相似之处与不同之处。出人意料的是，大多数人列举的尽是朋友与他的相似之处，什么“我们性格内向、诚实，都喜欢欣赏古典音乐”，什么“我们都很开朗、好交际，还常常在一起搞体育活动”，等等。

你和小张、小王是从小一起长大的，但是，你和小王是无话不谈的好朋友，而跟小张仅仅是点头之交。你想过其中的原因吗？你为什么没有选择小张做你的好朋友呢？心理学研究发现，人们通常喜欢那些在各方面与自己存在某种程度相似的人。因为你和小王在很多方面有相似之处，所以你们成了好朋友。相似的定义范围很广，包括态度、信念、兴趣、爱好和价值观等。交往的双方若能意识到彼此的相似性，则更容易相互吸引，两者越相似则越能相互吸引，产生亲密感。一般来说，同年龄、同性别、同学历和相同经历的人容易相处；行为动机、立场观点、处世态度、追求目标一致的人更容易相互扶持……

钟子期和俞伯牙的友谊非常有名。俞伯牙有出神入化的琴技，而只有钟子期才能听出他琴技的高妙，于是钟子期和俞伯牙成了最知心的朋友。后来，钟子期病死，俞伯牙非常伤心，在钟子期的坟前将琴砸得粉碎，终生不再弹琴，因为已经没有人能够听懂他的琴声了，何况这还会勾起他对钟子期的怀念和伤感。

钟子期、俞伯牙之所以有超乎寻常的友情，就是因为他们有个相似的特点：对音乐高超的鉴赏力。因为无人能取代钟子期，所以他在俞伯牙心中的地位是独一无二的。

成语“臭味相投”“物以类聚，人以群分”，说的都是人们对和自己相似的人容易看着顺眼，相似的两个人容易成为朋友。相反，如果志趣不投，人和人就不容易成为朋友；即使本来是朋友，一旦发现志趣各异，也会变成陌路。

管宁与华歆原是非常要好的朋友，经常在一起吃，一起住，一起读书。但随着时间的推移，管宁发现自己与华歆在志趣、性情方面有很大的差异，最后不得不忍痛与华歆割席断交。

所谓“道不同者不相为谋”，志向不同，就像是在两条不同轨道上运行的行星，怎么也走不到一块儿去，所以也没有必要在一起了。

有科学家曾人为地将某大学的学生集体宿舍进行了安排，他们先以测验和问卷的形式了解了部分学生的性情、态度、信念、兴趣、爱好和价值观等，之后把这些学生分为志趣相似和相异的，然后把志趣相似的学生安排在同一房间，再把志趣相异的也安排在同一房间，就不再干扰他们的生活和学习。过了一段时间，再对这些学生进行调查，发现志趣相似的同屋人一般都成了朋友，而那些志趣相异的同屋人则未能成为朋友。可见，人们都倾向于喜欢那些和自己相似的人。

那么，人为什么会喜欢与自己有相似性情、类似经历的人交往呢？你想过其背后的深层原因吗？心理学研究发现，当人们与和自己持有相似观点的人交往时，能够得到对方的肯定，增加“自我正确”的安心感。他们之间发生冲突的机会较少，容易获得对方的支持，很少会受到伤害，比较容易获得安全感。此外，有相似性情的人容易组成一个群体。人们试图通过建立相似性的群体，来增强对外界反应的能力，保证反应的正确性。人在一个与自己相似的团体中活动，阻力会比较小，活动更容易进行。

此外，在相似引起喜欢这一问题上有一个重要的现象，那就是对相似性过分夸大的倾向。如果一些人与我们有相似性，并且我们也喜欢他们，那么，这种相似性往往就会被夸大。因此，我们在喜欢与我们相似的人的同时，往往会认为那个人比他实际表现出来的与我们更相似。同样的道理，如果我们不喜欢一个人，也会夸大这种区别。结果就是：我们喜欢的人最终被认为与我们极端相似，而我们不喜欢的人最终被认为与我们极端不相似。

适当的“自我暴露”

小敏是同宿舍中最擅长交际的一个，并且人也长得漂亮。但同宿舍甚至同班的其他女孩都找到了自己的男朋友，唯独漂亮、擅长交际的小敏仍是独自一人。

这是为什么呢？她身边的同学都表示，她太神秘，别人很难了解她。和她有过接触的男同学也说，刚开始和她交往时，感觉她是个活泼开朗的女孩，但时间一长，就发现她很自私。

原来，小敏一直对自己的私生活讳莫如深，也从不和别人谈论自己，每当别人问起时，她就把话题岔开，怪不得同学们都觉得她神秘。

生活中有一些人是相当封闭的，当对方向他们说出心事时，他们却总是对自己的事情闭口不谈。但这种人不一定都是内向的人，有的人话虽然不少，但是从不触及自己的私生活，不谈自己内心的感受。

有些人社交能力很强，他们可以饶有兴趣地与你谈论国际时事、体育新闻、家长里短，可是从来不会表明自己的态度。而一旦你将话题引入略带私密性的问题时，他就会插科打诨，转移话题。可见，一个健谈的人，也可能对自身的敏感问题有相当强的抵触心理。相反，有一些人虽不善言辞，却总能向对方袒露心声，反而能很快和别人拉近距离。

人之相识，贵在相知；人之相知，贵在知心。要想与别人成为知心朋友，就必须表露自己的真实感情和真实想法，向别人讲心里话，坦率地表白自己、陈述自己、推销自己，这就是自我暴露。

当自己处于明处，对方处于暗处时，你一定不会感到舒服。自己表露情感，对方却讳莫如深，不和你交心，你一定不会对他产生亲切感和信赖感。当一个人向你表白内心深处的感受时，你可以感到对方信任你，想和你沟通情感，这就会一下子拉近你们的距离。

在生活中，有的人知心朋友比较多，虽然他（她）看起来不是很擅长社交。如果你仔细观察，会发现这样的人一般都有一个特点，那就是为人真诚，渴望情感沟通。他们说的话也许不多，但都是真诚的。他们有困难的时候，总会有人来帮助，而且很慷慨。

而有的人，虽然很擅长社交，甚至在交际场合中如鱼得水，但是他们却少有知心朋友。因为他们习惯于说场面话，做表面功夫，交朋友又多又快，感情却都不是很深。他们虽然说很多话，却很少暴露自己的真实感情。

实际上，人和人在情感上总会有相通之处。如果你愿意向对方适度袒露，就会发现彼此间的共同之处，从而和对方建立某种感情的联系。向可以信任的人吐露秘密，有时会一下子赢得对方的心，赢得一生的友谊。

小鱼是某大学的研究生，刚入学不久，她就把同班同学给震住了。一天早上上课，课间，坐在前排的她转过身和一位同学借笔记，还回来时笔记里竟然夹了一张男生的照片，于是小鱼打开了话匣子，跟后面的同学聊了起来，说那是她在火车上认识的新男友，正热恋。她从她和男友在哪儿租了房子、昨天买了什么菜、谁做的晚饭，说到她如何如何幸福，甚至说到二人世界里亲密的小细节……

这样的事情有很多，而且她经常不分时间场合随便就跟别人讲自己的一些私事。到后来，同学们一见到她就躲开，大家都受不了她了。

由上面的这个例子我们可以看出，在人际交往的过程中，自我暴露要有一个度，过度的自我暴露反而会惹人厌。

在人际交往中，自我暴露应注意以下几个问题。

（1）自我暴露应遵循对等原则，即当一个人的自我暴露与对方相当时，才能使对方产生好感。比对方暴露得多，则给对方很大的威胁和压力，会导致对方采取避而远之的防卫态度；比对方暴露得少，又显得缺乏交流的诚意，交不到知心朋友。

（2）自我暴露应循序渐进。自我暴露必须缓慢到相当温和的程度，缓慢到足以使双方都不感到惊讶的速度。如果过早涉及太多的个人亲密关系，反而会引起对方的忧虑和不信任感，认为你不稳重、不敢托付，从而拉大了双方之间的心理距离。

真正的亲密关系是建立得很慢的，它的建立要靠信任和与别人相处的不断体验。因而，你的“自我暴露”必须以逐步深入为基本原则，这样，你才会讨人喜欢，才能交到知心朋友。

时时与对方产生“心理共振”

中国古代有一首写人生四大喜的诗，这“四大喜”分别是“久旱逢甘霖，他乡遇故知。洞房花烛夜，金榜题名时”。这首诗虽然很精巧，却很难获得读者的共鸣。而另一首改写的诗却得到了很多读者的认可：“久旱逢甘霖，一滴；他乡遇故知，债主；洞房花烛夜，隔壁；金榜题名时，梦里。”这首改诗并不如原诗精巧，但它把原有的“四大喜”变成了“四大悲”。对于大多数人来说，令人伤感的事情更容易引发我们“同是天涯沦落人，相逢何必曾相识”的感觉。

在物理学上，共鸣是指两个发声频率相同的物体，其中一个振动发声的同时，另一个也随着振动发声。共鸣的基础是频率相同，条件是振动，效果则是共同发声。在人际交往中，交往双方的某些信息在某一频率同步也会发生共鸣，产生“心理共振”现象，而“心理共振”会瞬间缩短双方的心理距离。简单地说，如果你想要和对方产生心理共鸣，就要在某方面表现出和对方相似的特征，包括爱好、经历、行为习惯等等。

比如，对于初次见面的人，表面特征的相似性往往会在社交中起关键作用。有研究表明，如果你要向陌生人借钱打电话，当你的衣着与对方是同一种风格时，比衣着风格不同时借到钱的概率高20%。而另一项研究发现，进行问卷调查时，若把调查者的名字改成与被调查者相似，便会明显增加被调查者回答问卷的概率。所以，如果彼此还不太了解，就先寻找表面上的同频信息，这是非常容易的，甚至直接判断人们的身份、年龄、喜好都会带来意想不到的效果。

纽约一家餐馆有一位服务员玛丽，被称为全纽约“最受欢迎的女服务员”，她总是能得到最多的小费，更夸张的是，很多顾客光顾这家餐馆就是为了能够让她为自己服务。玛丽有什么过人之处吗？

当记者采访玛丽的时候，她笑着说，这一切其实非常简单，如果有愁眉苦脸的顾客坐在角落里喝闷酒，她就会非常安静，绝对不去打扰；如果有一群朋友说说笑笑，她也会加入其中，跟他们一起热闹一下，让整个气氛更加热烈；如果遇到带小孩的妈妈，她会马上变得活泼，跟孩子做鬼脸或者一起玩，或者体贴地把儿童座椅拿到座位前；如果有老人家光顾餐馆，她就会变得温和而可爱，甚至会跟他们聊聊过去的事情……

时刻与对方产生共鸣，这就是玛丽的秘诀。人们总是喜欢与自己观点相同或者能够理解自己的人。有了感同身受的感觉之后，交流就变得更加顺畅了，这就是玛丽成为“最受欢迎女服务员的秘诀”，如果我们在生活中用玛丽的办法，也会成为一个受欢迎的人。

需要注意的是，当我们努力创造情境与对方共鸣的时候，一定要注意把握好方向，让他产生的频率与我们预期的频率一致，如果不小心调错了方向，使对方与我们的频率不同，那只会适得其反。

明太祖朱元璋当了皇帝以后，有很多过去的穷朋友过来投奔他。两个朋友，两种说法，在朱元璋这里也得到了两种结局。

昔日的一个朋友知道朱元璋已经当了皇帝，于是来找这个昔日和自己一起给地主放牛的朱重八。见到朱元璋以后，这个朋友说：“从前你我都替人家放牛，有一天我们在芦花荡里把偷来的豆子放在瓦罐里清煮。还没等煮熟，大家就抢着吃，甚至把罐子都打破了，撒了一地的豆子，汤也都泼在泥地上。你只顾满地抓豆子吃，不小心连红草叶子也送进了嘴里，叶子哽在喉咙里，还是我出主意，教你把青菜叶子吞下去，才把红草叶子带进肚里去……”

还没等这个人说完，朱元璋就命令侍卫把他推出去斩了。

另一个小时候的玩伴也过来投奔朱元璋，行完君臣之礼之后，这个人就对朱元璋说：“当年微臣随驾扫荡沪州府，打破罐州城，汤元帅逃走了，只拿住了豆将军，后有红孩儿挡关，多亏了菜将军！”朱元璋听了他的话，想起过去那段同甘共苦的日子，就赏了这个人一个不大不小的官。

同样一件事，不同的人说却引起了朱元璋两种情绪上的共鸣。第一种让已经做了皇帝的朱元璋觉得颜面尽失，认为过去是一段耻辱的历史；而第二种说法却让人觉得他英姿勃发，畅快淋漓，给朱元璋留足了面子，充分满足了他的心理需求。

制造情绪共鸣时，一定要揣摩对方心理，如果是对方特别不想提起的回忆，我们要尽量避免，如果实在没办法避免的时候，也要像朱元璋那个聪明的朋友一样，用一定的技巧掩盖或转化，让对方既产生共鸣，又不至于想起不好的回忆。

人不是冷血的动物，每个人都有自己的感情，这些感情不仅仅需要别人了解、感受，也需要得到他人的共鸣。心理的共振、感情的共鸣很容易帮助我们建立起良好的人际关系，因为“情”字是世界上最温暖、最能够拉拢人心的字眼。

运用好喜欢的ＸＸ现象

看看你身边的人，你想过你喜欢的人通常具有哪些特征吗？你喜欢他们，是因为他们漂亮吗？还是因为他们聪明？或者是因为他们有社会地位？

心理学的研究表明，我们通常喜欢的人，是那些也喜欢我们的人。他们不一定很漂亮，或很聪明，或者有社会地位，但是因为他们很喜欢我们，我们也就很喜欢他们。

那么，我们为什么会喜欢那些喜欢我们的人呢？这是因为喜欢我们的人使我们体验到了愉快的情绪，一想起他们，就会想起和他们交往时所拥有的快乐，使我们看到他们时，自然就有了好心情。

而且，那些喜欢我们的人使我们受尊重的需要得到了满足。因为他人对自己的喜欢，是对自己的肯定、赏识，表明自己对他人或者对社会是有价值的。

有心理学家曾做过这样一个实验。

让被试“无意中”听到一个刚与他说过话的伙伴告诉主试喜欢或不喜欢他。接着，当这些同伴和被试在一起工作时，被试的面部表情会因他们听到的内容而异。当被试听到同伴喜欢他们时，会比听到同伴不喜欢他们时在非言语表现上更积极。另外，后来的书面评定显示，被喜欢的被试会比不被喜欢的被试更多地被同伴吸引。

其他的研究也证明了相似的结果：人们对那些他们认为喜欢他们的人持更积极的态度。这就是喜欢的互逆现象。

对于喜欢的互逆现象，心理学家认为，人们获得友谊的最好方式是“热情友善地称赞他人”。但是，在我们为赢得他人友谊而不遗余力地去赞美他人之前，我们需要考虑一下情境，有时赞美并不一定能导致喜欢。

喜欢的互逆性规律也有例外发生，其中之一就是当我们怀疑他人说好话是为了他们自己时，别人的赞美并不会导致我们去喜欢他。

此外，对那些自我评价很低的人来说，喜欢的互逆性也不会发生。因为他们可能认为喜欢他的人没有眼光，并因此不去喜欢那些人。

在生活中，有很多这样的情况，就是两个人的相互喜欢是由一个人对另一个人单方面喜欢开始的。比如，一个女孩一开始对一个追求她的男孩并没有多少好感，但是这个男孩子表现出了对她特别喜欢的态度。久而久之，这个女孩也对这个男孩动了心，最后接受了他的追求。

当然，这个规律也不是绝对的。有时我们会喜欢某个并不喜欢我们的人，相反，我们不喜欢的人有时却很喜欢我们。我们只能说在其他一切方面都相同的情况下，人有一种很强的倾向，喜欢那些喜欢我们的人，即使他们的价值观、人生观都与我们不同。

赞美也要讲创新

赞美也要讲求创新，因为人都是喜新厌旧的动物。如果听一种赞美太多了，就不会产生愉悦的感觉，这对于人际交往来说是没有益处的。那么，如何赞美才算创新呢？

1. 耳目一新的语言

赞美是所有声音中最甜蜜的一种，赞美应该给人一种美的感受。新颖的语言，是最有魅力的、最有吸引力的。简单的赞扬也可能是振奋人心的，但是一种本来不错的赞扬如果被多次重复，也会显得平淡无味，甚至令人厌烦。

有一个国外的电视连续剧，父亲走入厨房看到女儿正在做饭菜，对女儿说："如果没有你做的美妙饭菜，就像天上没有星星那么遗憾。"女儿露出了特别快乐的笑容。

新颖的赞语，给人清爽、舒心之感。妙语连珠的赞美，既能显示赞美者的才能，也能使被赞美者更快乐地接受。只要你多琢磨，多运用，你也会赞语新颖，打动人心的。

2. 不一样的角度

一些人在公共场合赞美别人时，自己想不出该怎样赞美，只能跟着别人说同样的话，附和别人的赞美。不过常言道，"别人嚼过的肉不香"。

每个人都有许多优点和可爱之处。赞扬要有新意，当然要独具慧眼，善于发现一般人很少发现的"闪光点"和"兴趣点"，即使你一时还没有发现更新的东西，也可以在表达的角度上有所变化和创新。

法国某将军屡战屡胜，有人称赞他："你真是个了不起的军事家。"他无动于衷，因为他认为打胜仗是理所当然的事。而当那人指着他的鬓须说："将军，你的鬓须真可与美髯公相媲美。"这次，将军欣然地笑了。

赞美的角度很重要，新颖的角度将起到事半功倍的效果。正如每把锁都会有相应的钥匙，每个人都有其独特之处，先要把握好“点”，再把握好角度，才能沟通得轻松、顺畅。

3. 新鲜的表达方式

赞美他人，在表达方式上是可以推陈出新、另辟蹊径的。

富兰克林年轻时，在费城开了一家小小的印刷所。那时，他参加了宾夕法尼亚州议会的选举。在选举前夕，困难出现了。有个新议员发表了一篇很长的反对他的演说，在演说中，把富兰克林贬得一文不值。遇到这么一个出其不意的敌人，是多么令人恼火呀！该怎么办呢？富兰克林自己讲述道。

“对于这位新议员的反对，我当然很不高兴，可是，他是一位有学问又很幸运的绅士。他的声誉和才能在议会里颇有影响。但我绝不能对他表现一种卑躬屈膝的阿谀奉承，以换取他的同情与好感。我只是在隔数日之后，采用了一个别的适当的方法。

“我听说他的藏书室有几部很名贵、又很少见的书。我就写了一封短信给他，说我想看看这些书，希望他慨然答应借我数天。他立刻答应了。”

富兰克林用一种不露痕迹的赞美方式，赞美新议员，恰如润物细无声。

表达赞美的方式有很多，要针对不同人、不同场合、不同时间选择最为恰当的方式。选择赞美方式时，既要考虑表达方式的新颖，又要考虑对方的感受及最后的效果，综合性去思考，将会找到最适宜的表达方式。

换位思考，深刻理解别人

有这样一个故事：

美国一位大学校长，在一次全校学生集合时，身穿礼服，表情严肃地登上讲台。不料，他只讲了几句开场白，就突然下台走出了会场。在场的老师和学生面面相觑，先是交头接耳，继而嘈杂声四起。大家议论着，“校长怎么了？”“难道没带演讲稿？”“有什么急事发生吗？”有人开始埋怨起来，“离开会场也不打个招呼”，“应该告诉大家干什么去”。难堪的三四分钟过去后，校长才慢腾腾地回到台上。

面对不满的师生们，他一句解释的话都没有，而是从口袋里掏出了一个笔记本，翻了几页。学生们以为，校长现在就要正式做报告了。谁知，他又从口袋里掏出一支笔，在笔记本上写着什么，写着写着，他突然把写的一张纸撕破了，揉成一团，随手扔到了讲台下。

学生们对校长的做法有些生气了。然而，更不可思议的事情还在后面，校长从公文包里掏出了一根香蕉吃了起来，之后随手把香蕉皮扔到了讲台的另一边。接着，他又拿出糖果、花生吃不停，把糖纸、花生壳也都随手丢在讲台四周。最后，校长竟然吃起泡泡糖来，还不时地吹出大泡泡，把泡泡糖渣也吐在了讲台上。看到这里，学生们嘘声四起，大家都愤怒了！

就在学生们忍无可忍，再也看不下去的时候，校长讲话了：“各位同学，大家已经看清楚什么是不文明、不道德的行为了。如果说我在集会时离开讲台是不能被容忍的话，那么学生在学习时间随意离开教室是不是可以容忍呢？如果说我在集会时吃东西、扔纸团、吐糖渣是应该受到谴责的，那么学生在教室里、草地上乱扔果壳纸屑，是不是也应该受到谴责呢？从现在起，让我们共同维护学校的秩序和校园的整洁吧！我的报告完了，散会。”

学生们沉默了片刻，随即爆发出雷鸣般的掌声。报告会结束后，同学们不时称赞校长的做法：“校长的办法实在太高明了，以前我老是喜欢我行我素，随手扔垃圾，觉得这并不是什么大事。今天我才深刻地理解到，我的随意行为会给别人带来什么影响……”“可不是，我上课的时候很少能按时到场，现在是真正理解教授们的感受了”。从此之后，校园风气大为改观，不仅卫生环境好过从前，而且在其他方面，也比以前有了大的进步。

的确如此，在人际交往中懂得换位思考，人们才能够理解对方，深刻的理解才会让人们之间产生共情。心理学家梅尔沃夫说：“关怀一个人，必须能够了解他及他的世界，就好像我就是他，我必须能够用他的眼看他的世界及他自己一样，而不能把他当成物品一样从外面去审核、观察，必须能与他同在他的世界里，并进入他的世界，从内部去体认他的生活方式，及他的目标与方向，这就是共情。”

共情是人际交往中最重要的和谐因素，它能拉近人与人之间的距离。如果我们在交往中能够设身处地为对方着想，理解对方，就能够成为对方的“知心人”。

伯特·曼宁先生在成为智威汤逊广告公司的总裁之前，卖过大英百科全书，也卖过高级厨具，最后他发现销售墓地非常赚钱。于是，曼宁拎起手提箱挨家挨户地去推销墓地。对于开门让他进去的客户，他总是以最热忱的态度说明为什么墓地是最值得投资的产业，比如芝加哥人口骤增，墓地一定越来越少；比如公司保证5年之内使购买人不承担任何风险，可是曼宁再怎么巧舌如簧，仍然一笔生意也没有成交。

慢慢地曼宁发现，根源在于自己没有站在客户的立场来看问题，他说明的都是财务方面的利润，而不是客户真正关心的重点。因为他总是想着多卖出一块墓地多赚点钱，忙于讨价还价，却从没有关心客户到底关心的是什么，客户跟自己认识的人有什么不同的看法，应该怎么做才能让客户觉得对他自己和家人都有好处？

在接触中，曼宁发现很多客户都是家庭观念很重的人，亲戚关系非常密切——表亲、祖父母、叔伯、姑姨来往频繁，他们不希望离开家乡。曼宁从此不再谈论财务投资，只谈论家人的脉脉温情。再次拜访时曼宁对他们说："那些墓地真的给你们提供了一个绝佳的机会，让家人可以葬在一起，扫墓时也方便，再也不必到城外200公里的墓地去看祖父母。"结果他的销售额直线上升，成了当年的销售冠军。

互换角色，深刻理解别人，真正站在别人的角度上，你才会有全新的感受。曼宁正是发现了这一点，才能成功地推开客户的"心"门，成功地销售了墓地。人们只对自己关心的东西感兴趣，因此，想争取他们变为自己的同盟时，我们就要站在对方的角度和立场上，看看什么是最能打动他们的东西。另外，设身处地替人着想，不但可以增加我们自己的业绩，更会无意中拓宽我们的人脉，增加自己的财富。

古时候的东海边上，有位姓钱的老翁，他是位郎中，医术高明，医德高尚。积蓄一些钱财之后，钱翁准备买一处房产。朋友告诉他："城东有家开药铺的人家，要卖房子，价格是700两银子，比市价便宜不少，您可以去买那处房产。"

于是钱翁前去看房，没想到，钱翁最后决定出1000两银子买这处房产。家人和朋友们非常不理解，说："人家都定好了700两，你怎么平白无故增加了300两，是不是老糊涂了？"

钱翁说："我这么做自有道理，这家人之所以要低价出售房子，是因为生意一时亏本，资金周转有问题，急需偿还从别人那里借来的钱。你们想想，一个为了按时还钱不惜卖房子的人，不是一个值得信任的人吗？而且他的房子也完全值1000两银子，我绝对不会落井下石的。"

两年后，原来的房主从外地回来，并且在钱翁店铺的对面重新买了更大的房子，开了一间药铺。这天，他专门带上300两银子来看望钱翁，并且对钱翁说："当年在我最困难的时候，您雪中送炭，解了我的燃眉之急。如今，我的生意恢复了元气，今天来主要有三个目的：第一，还您当时多给我的300两银子；第二，我送来一副对联对您表示谢意；第三，我来向您报告一下，我在您家对面开了一个大药店，以后我们两家可以互惠互利。”说完，他展开对联，只见上联是：“医德品德，德高望重。”下联是：“人惠己惠，惠及八方。”横批是：“地久天长。”

从此，两家结下了深厚的友谊，也都为自己赢得了财富和声誉。

中国有句古话——将心比心，如果人们能多一份体贴，多为他人着想，世间也不会有诸多纷争了。钱翁买房产的时候，并没有想得到对方的回报，但是，正因为他设身处地地为对方着想，在对方危难的时候没有乘人之危，而是雪中送炭，才与对方结下了珍贵的情谊，不但赢得了人脉，更赢得了财富，不愧为“钱”翁，真乃生财有道！

人们在交往中总会以自己的标准和感受去要求他人，现在的你应该明白：换位思考，理解他人才是人际交往中的第一准则。世界上有多少种人，就有多少种想法，我们要平等地看待每一种想法，并且接受对方，理解对方，只有这样我们才能被对方接纳。

选择一个好话题，敞开心扉交谈

无论是在工作中还是生活中，当我们遇到陌生人时，心里难免会七上八下，不知道怎样进入正题。也有一些人，在与陌生人交谈时，会很快找到双方共同的话题，并能获得对方积极的回应。

确实，一个好的话题，可以让彼此进行的交流变得顺畅。因此，我们要善于利用双方都感兴趣的话题，来让对方打开心扉。当然，如果遇到对方不感兴趣的话题，出现尴尬的局面时，也要学会巧妙地转换话题，寻找下一个话题。人与人之间正是在一个个话题的讨论中，增进了对彼此的了解，让友情得以成长。

在印度，有个叫贝尔纳·拉迪埃的销售员，他不同于一般的销售员，他的工作是推销空中客车——飞机。当他被推荐到空中客车公司时，面临的第一项挑战就是向印度销售飞机。

这是一件棘手的任务，因为这笔交易在印度政府初审时未被批准，能否重新找到成功的机会，全看销售代表的谈判本领了。作为销售代表，拉迪埃深知肩上的重任。他稍做准备就立即飞赴新德里。接待他的是印度航空公司的主席拉尔少将。拉迪埃见到他的谈判对手后说的第一句话是：“正因为你，使我有机会在我生日这一天又回到了我的出生地，谢谢你！”

这句开场白是别开生面的，这个话题的选定，迅速拉近了与谈判对手的距离。这句话虽然只有短短的几十个字，却蕴含着丰富的内容。它表达了以下几层意思：感谢主人慷慨赐予的机会，让他在自己生日这个值得纪念的日子来到印度，而且印度是他的出生地。而实践证明，拉迪埃的印度之行取得了成功。拉迪埃靠着娴熟的销售技巧，为空中客车公司创下了辉煌的业绩：仅在1979年，他就创纪录地销售出230架飞机，价值420亿法郎。这当中，应该说少不了他善于“选话题”的功劳。

人与人交谈，都是围绕着一个话题展开的。我们如果能积极主动选择双方都感兴趣的话题，交谈就会在一个轻松、愉快的氛围中进行。一般来讲，人们在初次交谈中，多会选择以下几个话题。

1. 天气

天气是每个人都关心的问题，因为天气对于生活的影响太大了。天气不好时，不妨交换一下彼此的苦恼：“今天这天儿，我都穿得像企鹅了。”天气很好时，不妨同声赞美。如果某地遇到暴雨或者干旱等异常天气情况，也可以拿出来谈谈，因为那是人人都关心的话题。

2. 坦白自己的感受

当性格内向的你出席了一个周围都是陌生人的聚会时，与其在角落里一个人嘀咕“我太害羞了，与这种聚会格格不入”，还不如直接告诉坐在你身边的陌生人，或许正是这句话，会让你们成为知音。

3. 以轰动一时的社会新闻为话题

这也是闲谈的资料。假使你有一些特有的新闻或特殊的意见和看法，那足可以把一批听众吸引在你的周围。

4. 家庭问题

关于每个家庭成员都需要知道的一些知识，例如，儿童教育、购物经验、夫妇之间怎样相处、亲友之间的交际应酬、家庭布置等，也会使大多数人产生兴趣，家庭主妇们尤其关心这类问题。

当然，我们也应当避免问一些令人扫兴的话题。在初次交往中，彼此都有一定的保留，所以纯属个人生活的事情不要多谈，没有人愿意听你高谈阔论，诸如宠物、孩子、食物和菜谱、自己的健康、高尔夫球，以及家庭纠纷之类的事。但可以对时下人所共知的社会现象、热点问题等谈谈看法。

总之，如果你善于选择合适的话题与对方交谈的话，相信你会很快与他们建立起稳固的友谊。

第六章　“大款一定就是胖子”
影响人际交往的心理定式

我们在生活中要接触各种各样的人，但对其中的许多人我们是不熟悉的，对他们的认识也是肤浅的。假如我们能够详细地了解所接触的对象，知道他们的能力、性格、抱负、爱好等，将有助于减少偏见的产生。

偏见在任何一种社会都存在

李珊非常郁闷地走出某软件公司的总裁办公室，脑子里还萦绕着刚才与总裁见面的尴尬。

一路过五关斩六将，李珊觉得进入这家公司应该是板上钉钉的事了，按照常理，总裁面试其实也就是例行公事地检查各部门工作的情况，并表明一下公司对员工的重视程度而已。

寒暄过后，总裁的提问让李珊颇感诧异，“年龄？”愣了一下的李珊还是很诚实地回答：“28 岁。”总裁欣赏的目光一下子暗淡了下来，说了一句让李珊更加诧异的话：“对不起，小姐，我们不招这个年龄段的女员工。”

纳闷的李珊找到了没有面试她的市场总监，得到了意料之中的答案：“对不起，人事经理是新来的，我们老板因为对二十七八岁的年轻女子怀有偏见，公司一般很少引进这个年龄段的人才。因为曾经一位 28 岁的部门经理突然离职结婚给公司带来了很大的损失，所以老板对这一年龄段的年轻女子抱有偏见。”

由于老板的偏见，李珊失去了工作机会。在现实生活中，偏见也无时无处不在。

偏见是个体对特定对象过激的评价性心理倾向。它同态度一样也是在后天活动和社会交往的基础上形成和学到的。偏见往往使我们在与人交往的过程中先入为主，偏激地把某一类型的人归到一个群体中，或把某种类型的行为归于某个群体所特有的行为。即在交往前就对交往对象形成一种过激的、固定的看法。这种过激的、固定的看法或多或少地影响着我们与人的正常交往和对事物的正确判断。在现实生活中，我们每一个人都不同程度地存在偏见，如一提到农民，我们就会把敦厚朴实、老实巴交的品质强加在他们身上，一提到“大款”，就会把脑满肠肥、挥金如土的形象与他们联系起来。

偏见表达着个体对交往对象的好与恶、赞成与反对，即包括积极偏见和消极偏见两种类型。它与日常用语中的成见有联系，也有区别。

成见与偏见相似，都是事先对交往对象形成的一种固定的看法。虽然从概念上看成见的内涵小、外延大，即除包含过激的偏见，还包含对交往对象不过激的固定看法，但在日常使用上，与偏见相同，主要指事先对交往对象形成的过激的、固定的看法。

在日常生活中，偏见常常和歧视联系在一起，但两者有区别。偏见主要指态度，歧视则主要指因存有偏见的态度而引起的不公平、不合理的行为方式。

偏见具有以下几种特征。

1. 信息来源的有限性或错误性

人们常常根据少数人的表现来推断他们所属群体的全体成员的特性，或者根据传闻而形成对群体的整体印象。比如，看到某些干部贪污腐败，就认为全部机关干部都作风腐化。听到别人议论某人某方面表现不好，就对该人全盘否定。

2. 刻板印象的认知成分

刻板印象的形成与人类认知的发展有关，对某人或某群体的刻板印象往往是偏见的认知基础和根源。

3. 过度类化的倾向

一个持有偏见的人常常有光环效应的倾向。如果他喜欢一个人，就会认为他有很多优点，否则，就会认为这个人一无是处。

4. 先入为主的判断倾向

人们常有在资料尚未收集齐全时，就断然下决定的倾向。对人印象的形成也存在这种情况。在这方面，偏见和误解不同，若对他人有误解，会在接收到新的资料后改变原来的看法，而持偏见态度的人即使面对相反的事实，也不愿改变原来的态度。

偏见的认知来源是刻板印象

一提起女性、同性恋等名词，你会想到什么呢？对大多数人来说，提及这些便能唤起他们丰富的想象、记忆，甚至有可能预测这类人在假定情境中将如何行事。这种联系的存在表明我们可能受到偏见的影响。但是偏见源于何处呢？

一些社会心理学家认为，偏见的认知来源是刻板印象。

人们一旦对某个事物形成某种印象，就很难改变。曾经在某一网站看到这样一个笑话：如果你的前面是一位发怒的重庆女孩，后面是万丈深渊，那么，奉劝你还是往后跳吧！这个笑话不能说没有一点道理，重庆女孩的泼辣，可以说是“盛名远播”，因此，一提到重庆女孩，首先浮上脑海的就是“泼辣”二字，丝毫不顾其中是否有被冤枉的“例外”。

比如，我们总是想当然地认为上海人是精明的、小气的，上海的男人是唯唯诺诺的，上海的女人是崇尚外国潮流的。可实际上呢？上海也有大方的男人，也有干出了大事业的男人，也有在老婆面前气高声壮的男人；而上海的女人中，也有很中国化、不为外国新潮事物所动的。

又如，我们总认为北京人只知道侃大山，没有志向，没有吃苦精神。可实际上呢，北京也有聪明的人，也有不爱侃大山的人，也有有志向的人，也有吃苦耐劳的人。

这样的例子是举不胜举的。

凡是持有以上偏见的人，都是怀有刻板印象心理的人。

一提起非洲，你会想到什么呢？在人们的观念里，恐怕非洲是和贫困、灾难、疾病联系在一起的。在你眼里，美国人最典型的性格特征是什么？英国人呢？德国人呢？犹太人呢？

美国一些心理学家分别于 1932 年、1951 年和 1967 年对普林斯顿大学学生进行了三次有关民族性的刻板印象调查。他们让学生选择五个他们认为某个民族最典型的性格特征。三次研究的结果大致相同。

雷兹兰（1950）、西森斯（1978）、休德费尔（1971）等人的研究也充分证实了这种刻板印象对人知觉的严重曲解。

生活中，人们都会不自觉地把人按年龄、性别、外貌、衣着、言谈、职业等外部特征归为各种类型，并认为每一类型的人有共同特点。在交往观察中，凡对象属于某一类，便用这一类人的共同特点去理解他们。比如，人们一般认为工人豪爽、军人雷厉风行、商人大多较为精明，知识分子是戴着眼镜、面色苍白的“白面书生”形象，农民是粗手大脚、质朴安分的形象等。诸如此类看法都是类化的看法，都是人脑中形成的刻板的、固定的印象。

这样消除偏见最管用

偏见是一种不正确的态度，它对人们的生活、学习都会产生非常不利的影响。因此，消除偏见是一项极为重要的工作。那么，如何才能消除偏见呢？以下方法可供参考。

1. 消除刻板印象

刻板印象是偏见的认知来源。人们常常会对某些群体的成员存有一定的刻板印象，如白人认为黑人智力低下、不求上进等。如果想改变白人对黑人的态度，黑人最好在与白人接触时表现出异于刻板印象的行为来。如果黑人总是从事一些简单、低下的工作，则对其工作角色的期望正符合白人对黑人的刻板印象，并且会进一步加深巩固。相反，如果黑人从事一些社会地位较高的工作，如教授、医生、工程师等，那么对此等职位的角色期望就会与对黑人的刻板印象相矛盾，如果这种现象经常出现并越来越多，久而久之，白人对黑人职业角色行为的偏见就会逐渐改变。

2. 平等地位的交往

当交往的人彼此不平等时，相互之间的反应大多是肤浅的、形式化的。因此，双方不但不能深入了解对方的特性，而且容易根据对方的外在方面做一些刻板的判断，而对社会地位低下者的判断基本上都是不好的。另外，地位不平等的接触，还会使双方的差异更为显著。因此，以平等的地位相互接触是降低偏见的重要条件。

3. 共同的命运与合作性奖励

有心理学家曾做过一个实验，让一群来自不同地区的孩子参加夏令营活动，并随机将他们分为两组，然后安排他们进行各种竞赛活动，随着竞赛的不断继续，两组之间的对立越来越严重，甚至互相敌视。由此可见，竞争可以引发两个群体的相互敌视。后来，心理学家故意把营区的供水系统破坏掉，使两个敌对群体都面临相同的命运，且这个危机唯有依靠两个群体全部成员的共同合作才能解决。结果证明，共同的命运与合作性的奖励是消除群体敌对态度的重要因素。如果有两个人被迫进入同一情境中，两人都期望相同的目标，而此目标的获得只有依靠两个人的合作时，那么这两个人就会彼此依赖并面临共同的命运。研究也发现，相互依赖的行为及面临共同的命运可以增加双方的好感。

第二次世界大战期间，有些黑人士兵被安排在白人的作战单位之内。在大战结束后，一些心理学家研究了白人士兵对黑人的态度，结果绝大多数白人士兵和军官都认为将黑人、白人安排在一起是很好的。研究发现，越在白人和黑人需要合作或并肩作战的单位里，白人对黑人的态度越好。

4. 对别的群体的内部规范采取宽容的态度

社会之大无奇不有，各个国家、种族、民族、阶层、党派、团体，甚至不同的社区、单位、家庭都有不同的内部规范和各自的特点。在相互交往时，对其他群体的内部规范要采取宽容的态度，即使你不认可，也不能流露出嘲笑和鄙视的神情，更不能动不动就加以反对，要承认文化与规范的多样性。

5. 熟悉对方的独特性

我们在生活中要接触各种各样的人，但对其中的许多人我们是不熟悉的，对他们的认识也是肤浅的。假如我们能够详细地了解所接触的对象，知道他们的能力、性格、抱负、爱好等，将有助于减少偏见的产生。美国学者研究发现，住在同一层公寓内的黑人和白人家庭主妇，彼此见面的机会多，较为熟悉，因此这些白人主妇对黑人的态度要好于其他人。

对于以上方法，我们必须认真领会，并切实贯彻实施，才能使我们周围的偏见越来越少。

警惕交往中的“晕轮效应”

俄国大文豪普希金恐怕是无人不知的，他的英年早逝想必大家也都知道。但是，这位天才为什么会过早地离开人世呢？这都是“晕轮效应”惹的祸。

那时的他，狂热地爱上了被称为“莫斯科第一美人”的娜坦丽，并且和她结了婚。娜坦丽虽然人长得美丽，可与普希金的志向、兴趣却相差甚远。

每当普希金把写好的诗读给她听，她总是捂着耳朵痛苦地叫：“不要听！不要听！”她喜欢交际、玩耍，总是要普希金陪她游乐或出席豪华晚会、舞会，而这些都是普希金所不喜欢的。

但普希金还是为她丢下了创作，并弄得债台高筑，最后还为她决斗而死。普希金的双眼被娜坦丽的漂亮蒙蔽了，他觉得一个漂亮的女人也必然有非凡的智慧和高贵的品格，可是他错了，他为娜坦丽美丽的光环抛弃了理智，毁了自己光辉的前途及生命。

在我们身边，也存在这种情况，当你对一个人产生好感时，此人身上就好像出现了积极的、美妙的、理想的光环。由于这种光环的照射，此人外貌、心灵上的缺点就会被忽略，甚至你会主观地赋予他（她）很多本不具有的美好品质，这就是所谓的“情人眼中出西施”，在心理学上这被称为“光环效应”或“晕轮效应”。

晕轮效应由美国心理学家凯利提出，它指人们看问题时，像日晕一样，由一个中心点逐步向外扩散成越来越大的圆圈，是一种在突出特征这一晕轮或光环的影响下而产生的以点带面、以偏概全的社会心理效应。在人际交往中，人们常从对方所具有的某个特性而泛化到其他有关的一系列特性上，从局部信息形成一个完整的印象，即根据最少量的情况对别人做出全面的结论。它实际上是个人主观推断的泛化和扩张的结果。

我们日常生活中对他人的知觉大多数都受这种效应的影响。比如，当看到一个新兵军容整齐、姿态端正，就认为他做事细心、有条有理、意志坚强、工作负责；当看到一个士兵邋邋遢遢，就觉得其办事拖沓、责任心差，看不到他身上的优点；我们经常听到的“女人当家，墙倒屋塌”“头发长，见识短”等因女性中存在的个别现象而轻视所有妇女的说法，还有“无商不奸”等说法，都是犯了以偏概全的错误。又如，某单位一位同志偶然犯了一个小错误，于是领导就得出一个结论：此人一定缺乏修养，极端自私，不好好工作，等等。

为什么会产生晕轮效应呢？心理学家认为这是由知觉者的情感引起的对人的一种主观倾向：由于我们在知觉他人时有一种情

感效应，我们对他人的评价就容易出现偏差，这一偏差表现为当某人或某物被我们赋予了一个肯定的、令我们喜欢的特征之后，那么这个人或物就可能被我们赋予许多其他好的特征。

反之，如果某人或某物存在某些不良的特征，那么就会被认为他所有的一切都是坏的。后者被称为“坏光环效应”，也被形象地叫作“扫帚星效应”。

例如，当我们提起一个战斗英雄时，心中就会浮现一个高大、健壮、英勇、刚毅的形象，我们会更多地从这些方面去观察他，而忽略一些其他特征，比如也许他的性情很温和。

同样，我们对于情人的知觉也是如此。如果我们觉得他（她）是美的，我们自然会发现他（她）许多动人之处，因而他（她）在我们心中就变得更美了，因为他（她）的其他某些相反的信息已被忽视或否定掉了。

曾有一个有趣的实验：在课堂上，老师向两批学生出示同一张照片，第一批学生被告知这是一名罪犯，因杀人而入狱；而另一批则被告知这是一个物理学家，曾得过诺贝尔物理学奖，然后要求学生根据其形象描述他可能具有的性格。结果第一批学生的评价都是贬义的，而第二批学生的评价则几乎都是赞美的。

一张相同的照片，却因为“罪犯”和“物理学家”在学生心中不同的“定型”而得到了相反的评价。这种对某种对象的“定型”必然使我们在人际交往时产生局限，并且这种局限很难摆脱。

在生活中，晕轮效应或扫帚星效应经常发生。如果我们觉得一个人是好的，是我们喜欢的，那么我们往往会觉得这个人也有着许多其他的好品质。反过来也是一样，也就是人们常说的“一好百好，一恶百恶”或者“爱屋及乌”。

由于晕轮效应使人们仅仅根据人的某一突出特点去评价、认识和对待人，所以，它是一种把我们引入对人知觉误区的社会心理效应，也是一种人际认知偏差效应，其危害是一叶障目，不见泰山，容易影响对人评价的准确性和可信度，必须加以预防和纠正。

总之，对一个人或某事物不要急于下判断，不要以偏概全，要做全面的了解，才能避免光环效应的产生。

走出“投射效应”的误区

一天晚上，在一条漆黑偏僻的公路上，一个年轻人汽车的轮胎爆了。

年轻人下来翻遍了工具箱，也没有找到千斤顶。怎么办？这条路很长时间都不会有车子经过。他远远望见一座亮灯的房子，决定去那个人家借千斤顶。可是他又有许多担心，在路上，他不停地想：“要是没有人来开门怎么办？”“要是没有千斤顶怎么办？”“要是那家伙有千斤顶，却不肯借给我，该怎么办？”……

他顺着这种思路想下去，越想越生气。当走到那座房子前，敲开门，主人出来时，他冲着人家劈头就是一句：“你那千斤顶有什么稀罕的？！”

主人一下子被弄得丈二和尚摸不着头脑，以为来的是个精神病人，就“砰”的一声把门关上了。

上面这个笑话是说，人把自己的想法投射到他人身上，是多么可笑的事，因为人家未必像你想象的那样。

在人际交往中，认识和评价别人的时候，我们常常免不了要受自身特点的影响，我们总会不由自主地以自己的想法去推测别人的想法，觉得既然我们这么想，别人肯定也这么想。俗语“以小人之心，度君子之腹”讲的就是这种情况。

用心理学的术语说，这叫投射效应，即当人们不知道别人的情况（如个性、好恶、欲望、观念、情绪等）时，就往往主观地认为别人有同自己相同的特性。也就是说，人们总是喜欢假设别人与自己有某些相同的倾向，认为自己具有的某些特点别人也具有。投射效应是以己度人，把自己的感情、意志等投射到他人身上并强加于人的一种认知障碍。例如，贪婪的人，总是认为别人也都嗜钱如命；自己经常说谎的人，就认为别人也总是在骗自己；自己感觉良好的人，就认为别人也都认为自己很出色……

投射效应的表现形式是多种多样的，感情投射就是其中的一种。感情投射就是认为别人的好恶与自己相同。比如，自己喜欢某一事物，跟别人谈论的话题总是离不开这一事物，不管别人是不是感兴趣，能不能听进去。引不起别人共鸣，就认为是别人不给面子，这就是投射效应导致的对他人的认知障碍。

投射效应的另一种表现，是对自己喜欢的人或事物越看越喜欢，越看优点越多；对自己不喜欢的人或事物越看越讨厌，越看缺点越多，因而表现出过分地赞扬和吹捧自己所喜爱的人或事，过分地指责甚至中伤自己所厌恶的人或事。这种情况在恋爱期间较为常见。有人处在热恋时，常常在周围人面前吹嘘自己的男友/女友如何完美无缺；一旦失恋，又把对男友/女友的憎恨之情溢于言表，并言过其实。人们总是认为自己喜爱的对象是美好的，自己讨厌的对象是丑恶的。这种把自己的感情投射到交往对象身上进行美化或丑化的心理倾向，失去了人际交往中认知的客观性。这是需要我们克服的。

当然我们不否认，有时候的投射是正确的。因为人性有相通之处，有些事情，不同的人的确也会产生相同的感受。但是，人和人也有不同，所谓“性相近，习相远”。如果任何时候，都拿自己的感受去揣度别人，主观想象别人会和自己一样，是经常会出现错误的。

有这样一个故事。有人向一个国王进献了一只珍贵的小鸟。国王从没见过这么可爱的小鸟，非常喜欢，就用金丝笼把它养起来，天天给它吃山珍海味，给它奏最好的音乐听，让人伺候它的起居，对它进行细心的照顾。没想到的是，没过多久，这只鸟竟死掉了。

这是因为，人喜欢的，不一定也是鸟喜欢的。国王犯了以己度鸟的错误。

克服投射效应的关键是认清别人和自己的差异，以避免以己之心度人之腹。要客观地认识自己，不断完善自己；要承认和尊重差异，多角度、全方位地去认识别人。

用“行动疗法”战胜羞怯心

意大利米兰圣巴法利大学的马可·拜特格里教授和他的同事们曾经针对孩子的羞涩心理做过一系列实验。经过研究，他们发现在社交中表现出羞涩的孩子在阅读人的表情方面要比普通的孩子困难。同时，美国斯坦福大学的约翰·加百列教授也在对成人的实验中发现比较羞涩的人对于一些令人困扰的情景反应与普通人并没有什么分别，困难的依旧是对于表情的阅读，这是一种有趣的现象。

羞怯是一种正常的心理现象，有关资料表明，只有 5% 的成年人确信自己从未感到羞怯，大约 80% 的人认为自己在儿童和青少年期感到过明显的羞怯。为什么人们会普遍产生羞怯心理呢？原因是多种多样的。心理学家研究发现，容易产生羞怯心理的人大约有 40% 涉及遗传因素，此外，心理方面的原因所占的比重较大。人总是希望得到他人认可，担心自己被别人否定，不敢在众人面前表现自己，慢慢地形成了自卑心理，这是羞怯产生的最主要原因，当然，也有阅读他人表情困难这个原因。

适度的羞怯心理是正常的，但如果过度就会影响社交生活。羞怯心理严重的人，在社交活动中表现得紧张、不自然、常常造成尴尬的局面。其实，他们内心非常渴望能够落落大方地与人交流。那么，在生活中该如何克服羞涩心理呢？

人们在社交中产生羞涩心理的一个重要原因是过分追求完美，总希望自己在别人眼中是最好的，无形中给自己施加了巨大的压力，要想克服羞怯心理，调整心态是第一位的。

有个人很想当推销员，可是他和别人说话时总会心跳加速，脸涨得通红，话也说不清楚。为了克服这种障碍，他决心去请教一位大师。

大师与这个人交谈片刻后，说："若要医治此病，请你回答我几个问题。"

他说："请大师问吧！"

大师问："假如你站在即将拜访的客户门外，那么，你想到哪里去呢？"

他答："我想进入客户的家中。"

大师问："当你进入客户的家中之后，你是否想过最坏的情况是怎样的？"

他答："最多被客户赶出来。"

大师问："被赶出来后，你会站在哪里呢？"

他答："还是站在客户家的门外啊！"

大师说："很好，那不就是你此刻所站的位置吗？最坏的结果，不过是回到原处，又有什么好担心的呢？！"

这个人听了大师的话，惊喜地发现，原来与人交谈根本不像他所想象的那么可怕。于是，他成了一名推销员。每当来到客户门口时，他总是对自己说："让我试着沟通，说不定还能获得成功，即使不成功，也不要紧，我还能从中获得一次宝贵的经验。最坏最坏的结果就是回到原处，对我没有任何损失。"

这个人终于战胜了"说话恐惧症"。由于克服了这种心理疾病，他在入行的第一年便以突出的业绩被评为全行业的"优秀推销员"。

生活中，每个人都有害羞的时候，只是害羞的原因千差万别：有的人天生胆小内向，性格原因使然；有的人怕在人前出丑，有损自己的面子；有的人十分敏感和自卑，过于在意别人对自己的评价，因此显得缩手缩脚，表现得不自在……

我们先要从思想上解放自己，无论如何，开口说话不会使我们失去什么，最多是没有得到什么。只有心态放平之后，才能够轻松面对，经常对自己说些鼓舞的话，会让你做得越来越好。比如，"他喜欢和我交往""我能讲好的""第一次见面虽然重要，但以后有更多机会，这次放松一些好了"等等，这些自我鼓励的话对克服羞怯心理是有一定帮助的。

有个名为琼斯的新闻记者，极为羞怯怕生，有一天他的上司叫他去访问大法官布兰代斯，琼斯大吃一惊，说道：“我怎能要求单独访问他？布兰代斯不认识我，他怎肯接见我？”

在场的一个记者立刻拿起电话打到布兰代斯的办公室，和大法官的秘书讲话。他说：“我是明星报的琼斯（琼斯在旁大吃一惊），我奉命访问法官，不知道他今天能否接见我几分钟？”对方的回答是可以，然后这位记者说：“谢谢你，1点15分，我按时到。”他把电话放下，对琼斯说：“你的约会安排好了。”

事隔多年，琼斯提道：“从那时起，我学会了单刀直入的办法，做起来不易，却很有用。一次克服了心中的畏怯，下次就比较容易一点。”纸上谈兵永远是假的，只有实践才能让我们在实战中慢慢克服羞怯心理。

虽然羞怯是大部分人都有的心理定式，但它不是不能克服的。正确的做法是，放下期待，多多鼓励自己。抓住每一次与陌生人接触的机会，每一次当众表演的机会，只要勇敢地迈出第一步，并坚持下去，羞怯自然就会消除。

勇敢果决，扔掉你的优柔寡断

印度有一位知名的哲学家，天生一股特殊的文人气质，不知迷死了多少女人。某天，一个女子来敲他的门，她说：“让我做你的妻子吧！错过我，你将再也找不到比我更爱你的女人了！”哲学家虽然也很中意她，但仍回答说：“让我考虑考虑！”

然后，哲学家用他一贯研究学问的精神，将结婚和不结婚的好、坏所在，分别条列下来，最后才发现，好坏均等，真不知该如何抉择。于是，他陷入长期的苦恼之中，无论他又找出了什么新的理由，都只是徒增选择的困难。

最后，他终于得出一个结论——人若在面临抉择而无法取舍的时候，应该选择自己尚未经历过的那一个。不结婚的处境我是清楚的，但结婚会是个怎样的情况，我还不知道呢，对！我该答应那个女人的要求。

哲学家来到女人的家中，问女人的父亲说：“你的女儿呢？请你告诉她，我考虑清楚了，我决定娶她为妻！”女人的父亲冷漠地回答：你来晚了10年，我女儿现在已经是3个孩子的妈了！哲学家听了，整个人几乎崩溃，他万万没有想到，向来自以为傲的哲学头脑，最后换来的竟然是一场悔恨。再后来，哲学家抑郁而死。

我们在人际交往中同样会面临很多选择，也会出现优柔寡断的心理。比如说，不知道该不该说某一句话，不知该不该出席某种场合，看到很久不见的人不知道是不是该打个招呼，等等。其实，在我们犹豫不决时，最好的时机已经错过。

有一年，拿破仑征讨叙利亚的时候，当地忽然出现了大规模的鼠疫，他的部队中也有很多士兵染上这种病，纷纷病倒了。拿破仑为此整天忧虑不已、寝食不安，应该怎么办呢？如果坚持进攻，恐怕自己的队伍坚持不到最后；但如果撤军，岂不是无功而返？

但是，彷徨和犹豫永远不能解决问题，为了避免丧失部队的战斗力，最大限度地减少疾病在部队中的传染，拿破仑果断地下达了命令：全体部队官兵必须抓紧时间赶路，立即离开疫病区，所有的车和马全部用于载运伤病员，除了严重鼠疫患者，其他的伤病员也全部带走。

这一命令下达之后，所有骑马和乘车的将官都把车和马腾了出来，让给患病人员乘坐。事实证明，拿破仑的这个举措是正确的，因为他们的快速撤离，有效地减少了疾病在部队中的传染，对保存部队的战斗力产生了积极性作用。

任何莫名的踌躇、犹豫和毫无主见、优柔寡断，都将使你的才干和智慧受到莫大的损失。如果你发现机会，那么千万不要犹豫，该出手时就出手，果断出击抓住它，成功就会伴随而来。

齐心是个乖巧懂事的女孩，虽然她内心也充满着年轻人的激情和表现欲，但在课堂上或者那些应该表现自己的场合，齐心却总是不敢开口。比如，某次演讲比赛，齐心明明很想参加，却不敢报名；班会选拔主持人的时候，好友们都鼓动齐心也来试试，可她就是下不了决心，拿不定主意。

高中生活就这样转瞬而逝了，大学生活向齐心敞开了热情的怀抱。陌生的环境、新鲜的面孔、各式各样的社团活动让齐心应接不暇。齐心一直特别喜欢外语，但是她的口语却不是很流利，因为齐心很少开口。刚进社团的时候，跟大家还不是很熟悉，主持人常常会带领大家做些小游戏，或者让大家发表即兴演讲。

某次活动中，主持人问新加入的成员，有谁愿意主动上台为大家讲个英文小故事。其实，这个根本难不倒齐心，但是她还是担心如果讲不好怎么办？会丢人的……齐心还在暗自嘀咕的时候，一位男生已经上台了，大家对他纷纷报以掌声。但是，出乎意料的是，他的表达并不流利，说着说着经常会卡壳，甚至会问大家某个词用英语应该怎么说。“天哪！”齐心想，“这样的水平他也敢到台上给大家讲？真不知道他是怎么想的。”可出乎意料的是，大家并没有因为他表达不流畅而取笑他，在他终于讲完之后，同学们用掌声鼓励他。这位男生激动地说：“谢谢大家对我的支持！我就是因为口语不好才加入咱们社团的，这真是个明智的选择啊！”

看到这里，齐心仿佛突然之间明白了一个道理，他说的对，就是要改变所以才来尝试的，永远不开口，永远都没有机会！这一瞬间，齐心鼓足了勇气，并举起手对大家说：“刚才这位同学让我受到了鼓舞，我也希望能得到跟他一样的机会。”很自然地，齐心也得到了大家的支持。虽然这次演讲并不尽如人意，但是齐心勇敢地踏出了第一步，再也不会在机会面前犹豫不定了。

转眼间3年的时间过去了。一个阳光明媚的下午，人力资源部经理把齐心叫到办公室，拿出一份合同对她说：“齐心同学，我很高兴地通知你，经过这三个月你在公司的实习表现，公司认为你上进心强，能力出众，最重要的是能够与我们国外客户流利地交流，公司正需要你这样的人才。如果你愿意的话，这是我们聘用你的劳动合同……”

如果没有那次勇敢的尝试，就不会有后来的齐心。齐心微笑着接过合同，同时也掀开了人生精彩的一页。

在面临抉择的时候，要知道无论选择什么都没有更好和更坏之分。最好的方法就是果断做出决定并继续向前走。机会属于有准备的人，更属于善于抓住它的人，记住，“做”永远比“想”更有威力！

互惠是人类社会永恒的法则

一位心理学教授做过一个小小的实验：他在一群素不相识的人中随机抽样，给挑选出来的人寄去了圣诞卡片。虽然他也估计会有一些回音，但却没有想到大部分收到卡片的人，都给他回了一张。而他们其实都不认识他啊！

给他回赠卡片的人，根本就没有想到过打听一下这个陌生的教授到底是谁。他们收到卡片，自动就回赠了一张。也许他们想，可能自己忘了这个教授是谁了，或者这个教授有什么原因才给自己寄卡片。不管怎样，自己不能欠人家的情，给人家回寄一张，总是没有错的。

这个实验虽小，却证明了互惠定律的作用。互惠是人类社会永恒的法则，它是各种交易和交往得以存在的基础。

互惠定律认为，我们应该尽量以相同的方式回报他人为我们所做的一切。

如果一个人帮了我们一次忙，我们也应该帮他一次；如果一个人送了我们一件生日礼物，我们也应该记住他的生日，届时也给他买一件礼品；如果一对夫妇邀请我们参加了一个聚会，我们也一定要记得邀请他们到我们的一个聚会上来。

由于互惠定律的影响，我们感到自己有义务在将来回报我们收到的恩惠、礼物、邀请等。人与人之间的互动，就如坐跷跷板一样，不能永远固定某一端高、另一端低，就是要高低交替，一个永远不肯吃亏、不肯让步、不与别人互惠的人，即使真正赢了，讨到了不少好处，从长远来看，他也一定是输家，因为没有人愿意和他玩下去了。

中国古代讲究礼尚往来，也是互惠的表现。这似乎是人类行为不成文的规则。

一个人向朋友请教一件事，两人聚会吃饭，那么账单就理所当然应由请教人的这个人付，因为他是有求于人的一方。如果他不懂这个道理，反而让对方付，就很不得体。

在不是很熟悉的朋友之间，你求别人办事，如果没有及时地回报，下一次又求人家，就显得不太自然。因为人家会怀疑你是否有回报的意识，是否感激他对你的付出。及时地回报，可以表明自己是知恩图报的人，有利于相互之间继续交往。

而且，如果不及时回报，会给你带来一些麻烦。你一直欠着这个情，如果对方突然有一件事反过来求你，而你又觉得不太好办的话，就很难拒绝了。俗话说，“受人一饭，听人使唤”。可以说，为了保持一定的自由，你最好不要欠人情债。

当然，在关系很亲密的朋友之间，就不一定要马上回报，那样可能反而显得生疏。但也不等于不回报，只是时间可能拖得长一些，或有了机会再回报。

朋友间维护友谊遵循着互惠定律，爱情之间也是如此。其实，世上没有绝对无私奉献的爱情，不像歌里和诗里表现的那样。爱情也是讲求互惠互利的，双方需要保持一个利益的平衡。如果平衡被严重打破，就可能导致关系破裂。

尊重是人的一种高级需要

心理学家认为，尊重是每一个人的心理需要。不管先天条件如何，财富的多少、地位的高低，任何人都需要得到别人的尊重。因而，要想使他人乐于改变，最重要的就是迎合他人的自尊心。

美国心理学家曾做过一个实验，证明了尊重对人产生的巨大影响。

为了调查研究各种工作条件对生产效率的影响，美国西方电器公司霍桑工厂一个大车间的六名女工被选为实验的被试。实验持续了 1 年多。这些女工的工作是装配电话机中的继电器。

第一个时期，让她们在一个一般的车间里工作两星期，测出她们的正常生产效率。

第二个时期，把她们安排到一个特殊的测量室工作五星期，这里除了可以测量每个女工的生产情况，其他条件都与一般车间相同，即工作条件没有变化。

接着进入第三个时期，改变了女工们工资的计算方法。以前女工的薪水依赖于整个车间工人的生产量，现在只依赖于她们六个人的生产量。

第四个时期，在工作中安排女工上午、下午各一次 5 分钟的工间休息。

第五个时期，把工间休息延长为 10 分钟。

第六个时期，建立了六个 5 分钟休息时间制度。

第七个时期，公司为女工提供一顿简单的午餐。

在随后的三个时期每天让女工提前半小时下班。

第十一个时期，建立了每周工作五天的制度。

最后一个时期，原来的一切工作条件又全恢复了，重新回到第一个时期。

老板是想通过这一实验来寻找一种提高工人们生产效率的生产方式。的确，工作效率会受到工作条件的影响，然而，出乎意料的是，不管条件怎么改变，如增加或减少工间休息，延长或缩短工作日，每一个实验时期的生产效率都比前一个时期要高，女工们的工作越来越努力，效率越来越高，根本就没关注过生产条件的变化。

这是为什么呢？

之所以会这样，一个重要的原因就是女工们感到自己是特殊人物，受到了尊重，引起了人们极大的关注，因而感到愉快，便遵照老板想要她们做的那样去做。正是因为受到了重视和尊重，她们工作越来越努力，每一次的改变都刺激着她们去提高生产效率。

尊重的需要是人的一种高级需要。人与人有差异，人与人在财富、地位、学识、能力、肤色、性别等许多方面各有不同，但在人格上是平等的。维护自己的自尊是人类心中最强烈的愿望，因此，满足尊重的需要对人来说十分重要。很多时候，人们为了获得尊重，会通过追求流行、讲究时髦、用高档商品、买名牌服装等手段来体现自己的价值。

马斯洛说："尊重需要的满足，能够使人对自己充满信心，对社会满腔热情，体会到自己生活在世界上的用处和价值。"而尊重的需要一旦受到挫折，就会使人产生自卑感、软弱感、无能感，会使人对生活失去基本的信心。

有一个人经常被朋友邀请举办演讲，虽然其中一些人因特殊关系很难拒绝，但他都以巧妙的方式回绝了，朋友们最后也并没有因此而感到不满。他是如何做到的呢？他并没有摆出自己如何忙碌的事实，也没有寻找其他托词，而是表达了对邀请方的感激和为自己无法满足他们请求的遗憾，随后他又推荐了另外一个演说家。换句话说，他没有给他人一点机会来对他的拒绝感到不满，并且很快让人们对其他有可能接受邀请的演说家给予了关注。

余伟是一家食品店的老板，他的一名店员经常粗心大意地把商品的价格标签贴错，并由此引起了混淆和顾客的抱怨，但是暗示、警告和当面批评都对她不起作用。最后，余伟把她叫进了办公室，任命她为价格标签的主管，负责将整个食品店货物架子上的标签都贴在合适的位置上。新头衔和职责让她的工作态度发生了彻底的改变，从此以后她做的工作都很令人满意。

拿破仑当年的做法也如出一辙。他创建了法国荣誉军团勋章，为士兵发放了 15000 枚十字勋章，给 18 位将军授予了“法国元帅”的称号，并将自己的军队称为“宏伟之师”。人们批评他在给身经百战的军人颁发“玩具”，拿破仑答道：“人类就是被这种玩具统治着的。”

拿破仑使用了授予他人头衔和权威的技巧，尊重他人，迎合他人的自尊心，这种方法在你身上也能发挥作用。

理智上难以解释的“进门槛效应”

曾有社会心理学家做过一个经典而又有趣的实验，他们派了两个大学生去访问加州郊区的家庭主妇。

实验过程是这样的：首先，其中一个大学生先登门拜访了一组家庭主妇，请求她们帮一个小忙：在一个呼吁安全驾驶的请愿书上签名。这是一个社会公益事件，每年死在车轮底下的人不知道有多少！不就是签个字吗，太容易了。于是绝大部分家庭主妇都很合作地在请愿书上签了名，只有少数人以“我很忙”为借口拒绝了这个要求。接着，在两周之后，另一个大学生再次挨家挨户地去访问那些家庭主妇。不过，这次他除了拜访第一个大学生拜访过的家庭主妇，另外还拜访了另外一组家庭主妇。与上一次的任务不同，这个大学生访问时还背着一个呼吁安全驾驶的大招牌，请求家庭主妇们在两周内把它竖立在她们各自的院子的草坪上。可是，这是个又大又笨的招牌，与周围的环境很不协调。按照一般的经验，这个有点过分的要求很可能被这些家庭主妇拒绝。毕竟，这个大学生与她们素昧平生，要求她们帮这么大的忙，真的有些难为她们。

实验结果是：第二组家庭主妇中，只有 17% 的人接受了该项要求，但是，第一组家庭主妇中，则有 55%的人接受了这项要求，远远超过第二组。

对此，心理学家的解释是，人们都希望给别人留下前后一致的好印象。为了保证这种印象的一致性，人们有时会做一些理智上难以解释的事情。在上面的实验中，答应了第一个请求的家庭主妇表现出了乐于合作的特点。当她们面对第二个更大的请求时，为了保持自己在他人眼中乐于助人的形象，她们只能同意在自家院子里竖一块粗笨难看的招牌。

这个实验告诉我们，一个人一旦接受了他人的一个小要求之后，如果他人在此基础上再提出一个更高一点的要求，那么，这个人就倾向于接受更高的要求。这样逐步提高要求，就可以有效地达到预期的目的。心理学家把这种对别人提出一个大要求之前，先提出一个别人很容易接受的小要求，从而使别人对进一步的较大的要求更容易接受的现象称为“进门槛效应”。

为什么会发生进门槛效应呢？

当你对别人提出一个貌似“微不足道”的要求时，对方往往很难拒绝，否则，似乎显得“不近人情”。而一旦接受了这个要求，就仿佛跨进了一道心理上的门槛，很难有抽身后退的可能。因为当你再次向他们提出一个更高的要求时，这个要求就和前一个要求有了顺承关系，让这些人容易顺理成章地接受。在这种情况下，比乍一上来就提出比较高的要求，更容易被人接受。

日常生活中有许多利用进门槛效应的例子。比如，一个推销员，当他可以敲开门，跟顾客进行交谈时，其实，他已经取得了一个小小的成功。在这种情况下，如果他能够说服顾客买一件小东西的话，那么，他再提出进一步的要求，就很可能被满足。为什么呢？因为那位顾客之前答应了一个要求，为了前后保持一致，他的确会有较大可能性接受进一步的要求。男士在追求自己心仪的女孩时，也并不是“一步到位”提出要与对方共度一生的，而是逐渐通过看电影、吃饭、游玩等小要求来逐步达到目的。

有的孩子向妈妈要求，可不可以吃颗糖果？当妈妈答应他的时候，他可能会提出进一步的要求，那可不可以喝一小杯果汁呢？妈妈通常是会答应的。

这个心理效应给我们的启示是，在人际交往中，当我们要提出一个比较大的要求时，可以不直接提出，因为这个时候很容易被拒绝。你可以先提出一个较小的要求，一旦对方答应，再提出那个较大的要求，就会有更大的被接受的可能。

假如你要组织一次募捐活动，怎样才能征集到更多的募捐款呢？根据进门槛效应，调动你的思维，把你的想法写下来：

英国心理学家查尔迪尼曾做过一个募捐实验：对一部分人募

捐时提出请求，并附加一句“哪怕一分钱也行”，结果其捐款人数比没有这句附加语的人数多两倍，并且募捐到的款额也不少。查尔迪尼的这个实验是否会给你一些启示呢？

在人际交往中，当我们要请求别人帮忙或是做事的时候，你不妨运用进门槛效应，这样做会给你带来意想不到的收获。

“反进门槛效应”的留面子技术

事例一：

曾经有一家广告公司，故意在一幅油画上画了一个多余的红圈。

这幅画是给一个有怪癖脾气的管理人来鉴定的。他一见如此画便咆哮起来：“干吗画上个红圈！赶紧将它取消！”

于是，这位广告商一声不吭地用颜料把那红圈涂掉了，这位鉴定者也无话可说了，情愿出一个较高的价钱将画买下。这个小小的“红圈”便使广告商赢得了这位十分难打交道的管理人的好感。

事例二：

尼一韦是美国著名的顾问，贺华勃及罗克法芮等许多大名鼎鼎的人物常常向他咨询或让他做决策，他曾经很妥善地帮助他们解决了一个个非常难处理的事件。

当时，尼一韦在英国想请著名的阿丝狄夫人给刚在纽约动工的阿斯托尼亚大饭店举行奠基典礼。

“不行，”阿丝狄夫人说，“此事恕我不能遵命，你们之所以需要我，只是让我为你们旅馆做做广告而已。”

而尼一韦的话使她大吃一惊。“夫人，的确如此。”尼一韦接着说，“然而，你也不会一无所获的，你也可以借此接近广大群众。因为，这个典礼将由广播电视向全国转播。”

后来他又向她声明，他们并不希望她发表什么演说，只是要她到场露一下面就行了，并且反复强调了此举的意义。最后，阿丝狄夫人便应允下来，答应出席他们的奠基典礼。

从这我们可以看出，尼一韦能使阿丝狄夫人答应的真正原因，还是在于他开始的时候，使夫人感到出其不意的让步。

阿丝狄夫人说：“他们需要我做广告，这是我不愿意的。然而，他却坦白地承认了这一点。在这一点上他表示出了让步。”接下来尼一韦迎合了阿丝狄夫人的心理去劝说，结果他终于取胜了。

在生活中，我们经常可以见到这样一种现象：一个人提出了一个大要求后再提出一个同类性质的小要求，这个小要求就有可能被人轻易地接受。这一现象与“进门槛效应”恰好相反，因而人们称其为“反进门槛效应”，也叫留面子技术。上面两个例子就是很好地运用了留面子技术。

这一效应在美国心理学家西阿弟尼等人于1975年做的实验

中得到了印证。他们要求第一组被试做一件没有工资的工作，即当少年犯的顾问，每星期两个小时，至少做两年。毫无疑问，没有一个人答应这样的要求。当所有人都拒绝时，实验者马上问他们，是否同意做别的事情，只需要很少的时间，即带着少年犯到动物园游玩两个小时；对第二组被试只提出了较小的要求，要求他们带那些少年犯到动物园游玩；对第三组被试提出可以在两种要求中间选择一个。结果他们同意的百分率分别为 50%、16.7%、25%。

由此可见，运用这种留面子技术得到的效果是十分明显的。事实上，这种技巧在小商品市场中司空见惯。那些小摊贩先漫天要价，然后再讨价还价，这时人们便以为他为此让步了，价格比较合理了，因此便接受了他们的要求。日常生活中，这类例子也比比皆是。例如，你想说服别人借给你 500 元，你可以先向他提出借 2000 元的要求，遭到拒绝后，待他向你解释原因时，你就可以说："既然 2000 元很难拿出手，那借 500 元总可以吧。"这样，他就有可能答应你这一较小的要求。

在人际交往中，我们也可以利用这种留面子技术，达到劝说别人接受意见的目的。劝说别人，并不意味着只是一味进逼，适当的退让和承认对方意见的合理性，倒显得通情达理，使人易于接受劝告。如果妻子只是劝说丈夫每天少抽几支烟，丈夫可能无动于衷，妻子进而要求戒烟，不许屋里有烟味，丈夫很可能赶紧让步，答应每天只抽五支烟，妻子也就达到要求丈夫少抽烟的预期目的了。

反进门槛效应的产生与心理反差的错觉作用密不可分。大要求与小要求会引起心理反差。一般来说，要求之间的差距越大，其心理反差也越大，给人的错觉也大。这正如鲁迅所说，你要求在墙上开个窗户，大家都反对；如果你提出要扒开屋顶，大家就同意开窗户了。因为开窗子这个小要求与扒屋顶这个大要求相比差得很远，大家以为自己得了便宜，免除了扒屋顶的后遗症，便答应了开窗户的要求。

实践证明，在社交中运用留面子技术是很有效的。在人际交往的过程中，我们要适当运用留面子技术，以便达到我们使他人顺从、改变他人的目的。但是，在运用留面子技术时，要注意以下几个方面。

首先，我们要学会不露痕迹地使用留面子技术，在使用时一定要让对方处在无意识状态下。

其次，我们要学会合理的让步法。一般来说，让步越大，其效应越大。但是，一旦被人认为这种让步是虚假时，其信任程度就发生了变化，他对你的让步就不信任了，从而你不管提什么要求，他都会认为是高的。

“疑邻盗斧”的负面心理

有一次，黄永玉在法国巴黎街头写生，一位年轻的法国女士微笑着跪在他背后看他作画。天气很热，黄永玉全神贯注于街头的风景，这位女士给他倒了一杯水。这时，刚好黄永玉口渴了，就在他端起水杯的时候，他突然想到：在这个陌生的国度，一个毫无关系的人给一个素昧平生的画家倒水，她会不会在水里下药呢？正当黄永玉疑惑时，那位女士向他招招手微笑着离开了。黄永玉并没有喝那杯水，立马伸手摸后裤袋里的钱包。发现钱包还在，他才放心地作画。

回国后，黄永玉为自己的举动和思想感到脸红。他发出了这样的感慨：我们心底的不信任的基础太多了，辜负了太多的善意！其实对那位女士而言，给画家倒水只是基于对艺术的尊重和对艺术家的爱戴，就这么简单。

人们总是习惯地以一种戒备的心态对待他人的付出、关爱和善意，尤其是对陌生人，这也是人性的弱点之一。出现猜疑心理的原因有很多，比如说对于他人、世界的不信任，自我保护意识过强，以自我为中心、习惯把什么事情都往自己身上想。当猜疑心理出现时，人们还会从生活中找出一些“证据”来证明确有其事，哪怕只是空穴来风。

要控制一样东西，就要了解它的源头。猜疑是源于不相信，不信任。就像很多人说的：“婚外情的产生并不是第三者的责任，而是两人之间的感情本来就出现了问题。”只有相信才能带来信任。

美国有一个富翁，一天，他的儿子爬到一面墙上想往下跳，让这位富翁张开双臂在下面接住他。可是，当儿子跳下去的时候，这个富翁却闪身躲开了。富翁的儿子摔在地上，一面哭一面很困惑地看着父亲，不知道他为什么要这样做。这时候，这个富翁跟他的儿子说：我让你跌一跤是为了让你学到一课——这个世界上就连父亲有时也未必信得过，何况其他陌生人。

还有一位父亲跟儿子在户外玩，儿子爬到墙上想往下跳，父亲说会在下面接住他，但儿子听过前面的故事，他怕自己的父亲也像富翁一样，不会接自己的儿子。但是，父亲一直在不断地催促他。终于，儿子咬咬牙闭上眼睛跳了下去！他早已做好了准备，以为自己会摔在地面，但当他睁开眼的时候发现自己躺在父亲的怀抱里！父亲亲切地跟他说：“我想让你知道——连陌生人有时你也可以相信，何况是你的父亲。”

到底应不应该相信父亲？不同的人有不同的答案。只有选择信任他人，敞开自己的心扉，才能将自己置身于温暖安全的关系当中，猜疑心理自然就烟消云散了。

另外，无论对任何事情，都要有自己的看法和选择，做个心胸宽广的人，会得到更多人的支持。

宽广的胸怀能包容一切，也能融化一切。与人相处的过程中，产生猜忌和怀疑的心理是十分正常的，如果能用宽容的态度处理一切，往往会取得非常好的效果。人们常说：“有阴影的地方，是因为有阳光。”不论是夫妻、同事还是陌生人之间，都有可能产生误会和猜疑，最重要的是当问题出现的时候，选择什么样的态度来对待这些误会，这才是至关重要的。

猜疑是人性的弱点之一，虽然这个世界上确实有一些不尽如人意的地方，但我们要相信这个世界的大多数人都是值得信任的。敞开心扉与他人坦诚沟通，增进相互之间的了解，这样才能充分信任他人、有效控制猜疑心理，建立完美和谐的人际关系。

第七章　别让阴暗心理毁了你

妨碍人际交往的心理障碍

我们每一个人都需要面对自己的焦虑、紧张，如果你承认并接纳这种紧张，你很快就能抛开它。那些让紧张严重到影响工作和生活的人、被心理专家定性为患有“社交焦虑症”或“社交恐惧症”的人，他们的糟糕表现，往往是因为不能承认自己的焦虑和紧张。

自私的羁绊，让你远离快乐富足

重病室住着两个人。房间很小，只有一扇窗子可以看见外面的世界。其中一个人，在他的治疗中，被允许在下午坐在床上1个小时(有仪器从他的肺中抽取液体)，他的床靠着窗。但另外一个人终日都得平躺在床上。

每当下午睡在窗旁的那个人在那个小时内坐起的时候，他都会描绘窗外的景致给另一个人听。从窗口可以看到公园里的湖。湖内有鸭子和天鹅，孩子们在那儿撒面包屑，放模型船，年轻的恋人们在树下携手散步，人们在鲜花盛开、绿草如茵的地方玩球嬉戏，后头一排树顶上则是美丽的天空。

另一个人倾听着，享受每一分钟。一个孩子差点跌到湖里，一个美丽的女孩穿着漂亮的夏装……他朋友的述说几乎使他感觉自己亲眼看见了外面发生的一切。然而，在一个天气晴朗的午后，他心想：为什么睡在窗边的人可以独享看世界的权利呢？为什么我没有这样的机会？他觉得不是滋味，越这么想，就越想换位子。他一定得换才行！有天夜里他盯着天花板瞧，另一个人忽然惊醒了，拼命地咳嗽，一直想用手按铃叫护士来。但这个人只是旁观而没有帮忙——尽管他感觉同伴的呼吸正在慢慢停止。第二天早上，护士来的时候那人已经死了，只能静静地抬走他的尸体。

过了一段时间后，这人开口问，他是否能换到靠窗户的那张床上。他们搬动了他，帮他换位子，使他觉得很舒服。他们走了以后，他用手肘撑起自己，吃力地向窗外望去……窗外只有一堵空白的墙。

自私让他失去了一个伙伴，失去了领略如画风景的机会。你身上是否也有自私的影子呢？我们来看看下面的这些情景，是否在你身上出现过。

（1）跟同事或朋友一起吃饭的时候，你总是假装没带够钱。

（2）平时，你不愿意别人和你分享食物，哪怕是最便宜的薯片。

（3）你反感你的一个朋友或同事，因为他总是想借用你的东西。

（4）你总是希望爱人下班后早点回家做饭，限制她的个人活动。

（5）跟别人谈话，你有时会打断别人，自己侃侃而谈。

（6）每次参加集体公益活动，如清扫街道，你总会找个理由尽快离开。

（7）朋友来你家玩，你害怕他们看到你珍藏多年的红酒或是雪茄，因而会事先把这些东西收起来。

上述情景是不是经常在你身上出现呢？虽然薯片、红酒、雪茄都是你的，但是你也应该与朋友分享一下。如果没有别人的帮助，你喝不到最甜美的汤，一个人只想着自己的那份，他也就永远只能有自己的那份。

我们从出生开始就是一个自私的个体，没人指望一个婴儿能把手中的玩具让给别的小孩子。不过，很多人在成长的过程中慢慢地改掉了这个毛病，而你呢，你没有改掉，甚至有些变本加厉了。你对同事自私，对朋友自私，对家人自私……

在人际交往中，有自私心理的人往往处处以自我为中心，无视社会法律、道德规范、良心风尚和他人感受及利益；不顾大局，只知道满足自己的各种私欲。他们只讲索取，不讲奉献，争名夺利，甚至损人利己。自私是一种较为普遍的不良心理现象。严重地讲，自私是万恶之源，贪婪、嫉妒、报复、吝啬、虚荣等很多其他不良心理都是自私的衍生。

自私心理对人际交往的危害极大，它时时刻刻会伤害到别人，有自私心理的人很难找到真正的朋友。因而，我们必须克服自私心理，学会与人分享。

你想让周围的人见到你都有美妙的感觉吗？不要吝啬你的一切，与大家一同分享吧。

自卑感阻碍良好人际关系的创建

珍妮总觉得自己长得很一般，没有高挑的身材和漂亮的脸蛋，为此她很自卑，走路都是低着头的。有一天，她到饰物店去买了只绿色蝴蝶结，店主不断赞美她戴上蝴蝶结后很漂亮，珍妮虽不信，但还是挺高兴，不由得昂起了头，急于让大家看看，出门时与人撞了一下都没在意。

珍妮走进教室，迎面碰上了她的老师，“珍妮，你抬起头来真美！”老师爱抚地拍拍她的肩说。

那一天，她得到了许多人的赞美。她想一定是蝴蝶结的功劳，回家后，她照镜子时却发现自己头上根本就没有蝴蝶结，她这才想起来，出饰物店时曾与人撞了一下，一定是那时候弄丢了。

不过，珍妮想，以后她再也不需要蝴蝶结了。

其实，你我的身边也有很多类似的事。我们身边也有很多自卑的人，只是，他们可能没有珍妮这么幸运，还在受着自卑的折磨，或许你也是其中的一个。

个体心理学的创始人阿德勒认为，人在生活中时刻都可能产生自卑感，比如先天的、生理上的缺陷，在家庭中的地位，进入社会后人与人之间的利害冲突等，都可能让人产生一种比别人差的情绪。他们可能因为拿自己和周围的人进行比较而感到气馁，甚至还会因为同伴的怜悯、揶揄或逃避，而加深自卑感。自卑感主要是来源于心理上的消极自我暗示。

人际交往中的自卑心理往往是现实交往受挫产生消极反应的结果。如失恋，常常就会引起失恋者较长时间的不良情绪反应。对待这种爱情挫折，有自卑倾向的人会难以忍受，把失败归因于自己的无能和倒霉的命运，因而灰心丧气，以致丧失交往的勇气和信心。

生理上的某些不足引起消极的自我暗示也是导致自卑的一个很重要的原因。有些人常因个子矮、过胖、五官不正、身体有残疾等抑制了自己天性的发挥，于是感到精神压力沉重，常担心自己的缺陷被人耻笑，因此离群索居，不敢主动交往或接受友谊。

还有些人对自我能力估计过低，也给自己带来了消极暗示，于是在交往中过于拘谨，放不开手脚，担心自己成为笑料或被人算计。

长期被自卑感笼罩的人，不仅心理活动会失去平衡，生理上也会发生变化，最敏感的心血管系统将会受到损害。生理上的变化反过来又影响心理变化，加重人的自卑心理。

沉重的自卑心理会使人心灰意冷，无所事事，因此，找到产生自卑的原因，具体分析，努力克服，就显得尤为重要了。

对自己不满是羡慕他人的开始

李伟是某大学三年级的学生，他是以优异的成绩考入这所名牌大学的。刚上大学时，他与班上同学的关系非常融洽，这当然与他热情大方、乐于助人的性格分不开。同学们都喜欢朴素、热情的他。

可慢慢地，他产生了严重的不平衡心理。只要别的同学哪方面比他强，他就眼红；只要老师在同学面前表扬别的同学，他心里就酸溜溜的；他看见别的同学家境很好，不用勤工俭学就能过上很宽裕的生活，他心里就特别不平衡，他时常怨恨自己没有生在一个富裕的家庭；他看见别的同学得了奖学金或被评为“三好学生”，他就嫉妒得辗转反侧，暗暗埋怨上天的不公。

李伟尤其看不惯与他来自同一所高中的一位老乡刘涛。原来两个人在高中时各方面都不相上下，但上大学后，刘涛的成绩越来越好，而且被选为班干部。于是他的注意力就不放在读书学习上了，而是时刻注视着刘涛的一举一动，妄图从中抓住把柄。他开始到处散布谣言，大家都开始讨厌他。他为了争口气，把刘涛比下去，在竞选班干部时竟然不知羞耻地在下面做小动作、拉选票，结果他的阴谋被同学们识破，唱票时只有他自己投了自己一票，搞得十分狼狈。

一计不成他又生一计，在期末考试时，他知道凭自己的水平是拿不了高分，就采用夹带纸条的方式作弊。在最先的两门考试中，他的计谋得逞了。正当他自鸣得意、觉得胜利在望时，在第三门考试中被监考老师抓个正着。老师说：“我早就注意你了，以为你会有所收敛，没想到你一而再、再而三地作弊。我再也不能容忍你的作弊行为了。”李伟当下便痛哭流涕地求监考老师手下留情，可是学校的制度是无情的，李伟的名字上了作弊的名单。当天，学校教务处就做出了开除其学籍的处分决定。

嫉妒是一种负面情绪，是指自己的才能、名誉、地位或境遇被他人超越，或彼此距离缩短时所产生的一种由羞愧、愤怒、怨恨等组成的情绪体验。它有明显的敌意甚至会产生攻击诋毁行为，不但危害他人，给人际关系造成极大的伤害，最终还会摧毁自身。地位相似、年龄相仿、经历相近的人之间容易产生嫉妒心理。故事中的李伟就是因为嫉妒而断送了自己的大学生涯。

嫉妒心理几乎人人都有。它是人们普遍存在的一种心理疾病。从本质上看，嫉妒心理是一种不健康的心理。无论是何种形式和内容的嫉妒，都不利于保持正常的人际交往及健全的社会生活。在日常生活中，我们会不知不觉地受到别人的嫉妒，或自己本身也在不知不觉对别人产生嫉妒之心。

虚荣让人生活在表演中

爱慕虚荣是人类最普遍的弱点之一，每个人身上都有爱慕虚荣的毛病。虚荣心理是指一个人借用外在的、表面的或他人的荣光来弥补自己内在的、实质的不足，以赢得别人和社会的注意与尊重。它是一种很复杂的心理现象。法国哲学家柏格森曾经这样说过：“虚荣心很难说是一种恶行，然而一切恶行都围绕虚荣心而生，都不过是满足虚荣心的手段。”

虚荣心强的人喜欢在别人面前炫耀自己昔日的荣耀经历或今日的辉煌业绩，他们或夸夸其谈、肆意吹嘘，或哗众取宠、故弄玄虚，自己办不到的事偏说能办到，自己不懂的事偏要装懂，一切都是为了提高自己在别人心中的地位。虚荣心强的人喜欢炫耀有名望有地位的亲朋好友，妄图借助他人的荣光来弥补自己的不足，而对那些无名无分、地位“卑微”的亲朋则避而不谈，甚至唯恐避之不及。

下面这些情形在你身上出现过吗？

（1）你喜欢谈论有名气的亲戚朋友或以与名人交往为荣。

（2）热衷于时髦服装，对西方的流行货万分倾倒，对名牌津津乐道。

（3）你喜欢和别人谈论电影、名著和艺术，但其实你知道的并不多，你只是为了得到别人的赞许。

（4）你喜欢表现自己，尤其想在大庭广众下露一手，因为这会引起大家对你的重视。

（5）你每月只有3000元的收入，不过你最近还是买了一个10000元左右的LV包。

（6）你的爱人让你觉得与你很不般配，于是你不愿意带着爱人参加集体活动，你怕别人怀疑你的品位。

（7）经常停留在商店橱窗前，悄悄欣赏自己的身影，欣赏自己的照片已成为生活的一部分。

（8）你在与同事朋友的谈论中，常常强词夺理、文过饰非。

（9）你头脑一热请朋友吃饭，花费不少，事后又感到后悔。

（10）你因为朋友的衣物或手表比你名贵一些，而感到很有压力，甚至不愿与这位朋友一起吃饭。

如果上述情形有很多在你身上出现过，那么你就要注意了，因为你可能会为了吸引别人的注意，得到别人的称赞，而渐渐失去自己。当别人用羡慕的眼光看着你的时候，你会感到更加开心；每当你的行头又有了新花样的时候，你会第一时间跑到别人面前展示；你并不富裕，但是你却通过省吃俭用购买那些“提升”地位的奢侈品；你还不时展示你几乎没有的才华，只为博得别人的赞许……

虚荣心让你生活在表演之中，你渐渐失去了你自己，你活得就像个小丑。

虚荣心给人们带来的麻烦和苦恼也是有目共睹的，所以，我们一定不要成为虚荣的奴隶。那么如何摆脱虚荣呢？

（1）要客观评价自己，对自己的优缺点、优劣势有一个真实的评价，不要自己欺骗自己，要敢于正视自己的不足，建立对自己的信心。

（2）正确地对待名誉，不要热衷于表面空有的虚名，不要为名声、形象所累。因为名声、形象实际上都是抽象的、虚幻的、人为的，受每个人的价值观念影响。只要你自己有相应的进取、发展、成熟的思维和行为，就完全可以按照自己的心理需求行事，不必过多考虑他人会说什么，有什么看法。

（3）力戒说谎，避免以说谎来表现虚荣。

（4）敢于自我暴露。不但要向他人表现自己的优点、优势，也要暴露自己的弱点、劣势。在人际交往、各种活动中流露真实的自我。

攀比让人生的天平失衡

小赵是国家机关的公务员，本来过着安分守己的平静生活。有一天，他接到高中同学的聚会电话。10 多年未见，他带着重逢的喜悦前往赴会。昔日的老同学经商有道，住着豪宅，开着名车，一副成功者的派头。尤其是王强，他现在是一家房地产公司的老板，固定资产超过千万，是所有同学中最成功的一个。聚会结束后，小赵心里很不是滋味，从此好像变了一个人，整天唉声叹气，逢人便诉说心中的烦恼。

小赵心想：当初王强考试总是不及格，凭什么有那么多钱？我的薪水攒一辈子也买不起一辆奔驰车。他的同事安慰他说："咱们是坐办公室的，有钱咱也不买车。"但他却终日郁郁寡欢，最后居然因为心病而卧床不起。

有人说，攀比是一把双刃剑。一方面，攀比能激发个人奋斗的潜力，给人带来向上的动力；另一方面，攀比也让自己活得很累，让自己的心理失去平衡。因为后者的攀比只是拿自己的缺点和别人的优点比，拿自己的弱项对抗别人的强项，那么结果自然可想而知。哲人说，与他人比是懦夫的行为，与自己比才是真正的英雄。所以，把眼光放在自己的身心上，生活一定会多一份快乐与满足。

生活的差别无处不在，于是人们在差别中情不自禁地产生了攀比的心理，而盲目的攀比让人们习惯性地将自己所做的贡献和所得的报酬与别人进行比较。如果这两者之间的比值大致相等，那么就会有公平感；如果一方的所得大于另一方，那么另一方就会产生心理失衡。某些政府官员看到与自己同等级别的其他官员用车比自己高级、住房比自己宽敞，自己甚至还不如某些级别和职务低的人，心里就会感到很不平衡，于是换车建房也就不足为奇。

有一首歌谣这样唱道：人家骑马咱骑驴，走路遇见个挑担的，比上不足比下有余。人们喜欢拿自己跟别人比，但是跟比尔·盖茨比，跟乔丹、姚明比，各方面条件相差太远，看着人家发财不会眼红。所以人们一般喜欢跟周围那些觉得不如自己的，可现在过得比自己强的人比，这么一比，就来火了，郁闷了。

有攀比心理的人自始至终都处于一种极度不安的焦躁、矛盾、激愤之中，他们牢骚满腹，不思进取，工作中得过且过，和尚撞钟，心思不专。更有甚者会铤而走险，引火烧身，走上危险的钢丝绳。因此，我们必须要走出攀比的心理误区。走出攀比心理的误区，需要注意以下几点。

1. 选择合适的“参照系”

攀比心理缘于比较方式的不当，缘于比较“参照系”的失误选择。有些人选择的比较“参照系”是那些有钱人，这些人自认为能力、才华不比他们差，而收获却比他们少，这是多么不公平啊！其实，只要多想一想那些普通劳动者，我们的心理又怎么会有那么多的焦灼、急躁与失落，甚至是愤愤不平呢？面对着众多普通人，我们的心灵必然会多一份平静豁达，甚至多一份愧疚，还有什么不平衡可言呢？

2. 学会倾诉

学会倾诉也叫发泄法，即将自己的心理痛苦向他人倾诉。倾诉法是近年来医学心理比较提倡的一种治疗心理失衡的方法。受挫后如果把失望焦虑的情绪封锁在心里，会凝聚成一种失控力，它可能会摧毁机体的正常机能，导致体内毒素滋生。适度倾诉，可以将失控力随着语言的倾诉逐步转化出去。倾诉作为一种健康防卫，既无副作用，效果也较好，如果倾诉对象具有较高的学识修养和实践经验，将会给失衡者的心理适当抚慰，使其鼓起奋进的勇气，受挫人会在一番倾谈之后轻松快乐许多。

3. 重新确立合适的目标

攀比干扰了自己原有的生活，打乱了自己原有的目标。因而，我们要重新寻找一个方向，确立一个新的目标。目标的确立，需要分析思考，这是一个将消极心理转向理智思索的过程。目标一旦确立，就犹如心中点亮了一盏明灯，人就会生出调节和支配自己新行动的信念和意志力，去努力进行达到目标的行动。目标的确立标志着人已经开始了争取新的成功的历程。目标法既可以抑制和阻止人们不符合目标的心理和行动，又可以激发和推动我们去实施达到目标所必需的行动，从而鼓起我们迎头赶上的勇气。

因此，要想以健康的心态生活，首先要学会平衡你的心态，放弃无谓的攀比。

报复心理会让你众叛亲离

战国时的楚王非常宠爱一位叫郑袖的美女。郑袖不但漂亮，也非常工于心计。后来，魏王送了一个绝色美女给楚王，楚王就把郑袖冷落到了一旁。郑袖妒火中烧，于是暗暗筹定计策。她故意与新美人套近乎，告诉她楚王的一些习惯。新美人对郑袖心怀感激。郑袖对新美人说："大王对你赞美有佳，只是稍嫌你的鼻子长的不好，你以后见了楚王可以把鼻子遮起来。"美女信以为真。从此，这位美人见到楚王之后就把鼻子捂着。楚王感到很奇怪，就问郑袖是何故。郑袖告诉楚王说："新来的美人说大王有狐臭，见面时都得掩着鼻子才行。"楚王怒不可遏，令人砍掉美女的鼻子，赶出宫去。郑袖自然夺回了楚王的宠爱。

郑袖夺回了楚王的宠爱，却失去了做人最根本的纯良，在社会交往中，有些人以攻击的方式对那些曾给自己带来伤害或不愉快的人发泄不满，这种情绪就是报复。报复心理是一种不健康的心理状态，它不仅会对报复对象造成这样或那样的伤害，而且有害自己的心理健康。试想，如果这个世界上每个人都“有仇必报”的话，那么冤冤相报何时了？社会又怎么能够平静安稳？

报复心理是十分有害的，不仅损害个人身心健康，破坏集体团结，而且当报复心理发展到不可控制的地步时，常常会使人失去理智，甚至违纪违法。因此，必须下决心消除。

那么，如何调适报复心理呢？我们需要注意以下几点。

1. 学会换位思考

在人际交往中，不可能没有利害冲突。当你受挫折时，不妨进行一下心理换位，将自己置身于对方的境遇中，想想自己会怎么办。通过这样的换位，你也许能理解对方的许多苦衷，正确看待他人给自己带来的伤害，从而消除报复心理。

2. 认识报复心理和行为的危害性

实施报复者，得到了短暂的快意之后，到头来是“众叛亲离”，还要整天担心遭到报复；被报复者，虽然得到了大家的同情和帮助，但所受的伤害在他心中始终留下阴影。所以说，报复行为的最终结果只能是两败俱伤，没有胜利者。报复心理是要不得的，它会让你的内心越来越狭隘，身心越来越疲惫。

猜疑是缺乏根据的盲目想象

猜疑是人性的弱点之一，猜疑心理是一种狭隘的、片面的、缺乏根据的盲目想象。猜疑历来是卑鄙灵魂的伙伴，是害人害己的祸根。

猜疑者整天疑心重重、无中生有，认为人人都不可信、不可交。有的人见到几个同事背着他讲话，就会怀疑是在讲他的坏话；有的人见老师对他态度略显冷淡一些，就会觉得老师对自己有了看法；有的人成天提心吊胆，内心总有解不开的疑惑，总有摆脱不了的矛盾，活得很累。这种人心有疑惑，不愿公开，也很少交心，整天闷闷不乐、郁郁寡欢。由于自我封闭，阻隔了外界信息的输入和人间真情的流露，便由怀疑别人发展到怀疑自己、怀疑自己的能力，失去信心，变得自卑、怯懦、消极、被动。

经过心理学家调查研究发现，猜疑的心理成因大概有以下几点。

1. 作茧自缚的封闭思路

猜疑一般总是从某一假想目标开始，最后又回到假想目标，就像一个圆圈一样，越画越粗，越画越圆。最典型的例子就是“疑人偷斧”的寓言：一个人丢失了斧头，怀疑是邻居的儿子偷的。从这个假想目标出发，他观察邻居儿子的言谈举止、神色仪态，无一不是偷斧的样子，思索的结果进一步巩固和强化了原先的假想目标，他断定贼非邻子莫属了。可是，不久他在山谷里找到了斧头，再看那个邻居的儿子，竟然一点也不像偷斧者。现实生活中猜疑心理的产生和发展，几乎都同这种封闭性思路主宰了正常思维密切相关。

2. 对环境、对他人、对自己缺乏信任

古人说，“长相知，不相疑”。反之，不相知，必定长相疑。不过，“他信”的缺乏，往往又同“自信”的不足相联系。疑神疑鬼的人，看似疑别人，实际上也是对自己有怀疑，至少是信心不足。有些人在某些方面自认为不如别人，因而总以为别人在议论自己、看不起自己、算计自己。一个人自信越足，越容易信任别人，越不易产生猜疑心理。

3. 对交往挫折的自我防卫

有些人以前由于轻信别人，在交往中受过骗，蒙受过巨大的精神损失和感情挫折，结果万念俱灰，不再相信任何人。

适度的戒备可以起到自我保护的作用，但是猜疑心态过于严重，对别人的任何行为都认为是居心不良，那么于人于己都是百害而无一利的。

恐惧是戴着镣铐跳舞

小光刚到深圳打工时，在一家酒吧做服务生。

第一天上班，老板便特别提醒小光："我们这一带有一个流氓，经常来白吃白喝，心情不好的时候，还会把人打得遍体鳞伤，因此，如果你听到别人说'大流氓来了'，什么也别想，想尽办法赶快跑就对了。因为这个大流氓实在太蛮横了，连警察都不放在眼里，上一个酒保被他打伤，到现在还躺在医院里。"

某一天深夜，酒吧外面忽然一阵大乱，众人纷纷喊着："大流氓来了！大流氓来了！快走！"

当时，小光正在上厕所，等到他紧张地走出来时，酒吧里的客人、员工早就跑得干干净净，连个影子也见不到。

这时，只听见"砰"的一声，前门被人踢开了，一个凶神恶煞的男人大步走进了门。他的脸上有一道刀疤，手臂上的刺青一直延伸到后背。

他二话不说，气势汹汹地在吧台前坐了下来，对小光吼着："给我来一杯威士忌。"

小光心想，既然已经来不及逃跑了，不如就试着赔笑脸，尽量讨流氓的欢心，以保全性命吧！于是，他用颤抖的双手，战战兢兢地递给那个男人一杯威士忌。

男人看了小光一眼，一口气把整杯酒饮干，然后重重地把酒杯放下。

看到这一幕，小光的心脏简直快要跳出来了，若不是酒吧里还放着音乐，他的心跳声一定会大得被人听见。小光勉强鼓起勇气，小声地问道："您……您要不要再来一杯？"

"我没那时间！"男人对着他吼道，"你难道不怕我吗？"

不久之后，那个男人就走了，小光重重地舒了一口气。这才发现，"大流氓"其实并不可怕，只是人们无形之中把恐惧扩大了。

相信大家都有过这样的经验，到了阴森森、黑漆漆的地方，我们会感到毛骨悚然，心跳加速，好像有什么事就要发生了，于是步步惊魂，随时提高警惕，严阵以待，但是到了最后，往往什么事也没发生，从头到尾，都是我们自己在吓自己。

所有紧张、恐惧的心理其实全都来自自己的想象。

对于一些人来说，社交是一场盛大的舞会，自己则是万众瞩目的明星；而对另一些人来说，社交是被迫去跳的舞蹈，戴着沉重的镣铐；还有很多人，直接当了社交逃兵。

其实，这个社会中不光只有你一个人面临社交的焦虑和恐惧，几乎所有人都曾在某个时刻被突如其来的社交恐惧所打垮。

一份来自美国的研究资料称，约有40%的美国人在社交场合感到紧张，那些神采奕奕的政界人士和明星，也有手心出汗、词不达意的时候，还有一些人表面上侃侃而谈、镇定自若，实际上手心早已一把汗。

事实上，我们每一个人都需要面对自己的焦虑、紧张，如果你承认并接纳这种紧张，你很快就能抛开它。那些让紧张严重到影响工作和生活的人、被心理专家定性为患有“社交焦虑症”或“社交恐惧症”的人，他们的糟糕表现，往往是因为不能承认自己的焦虑和紧张。

社交恐惧症可以分为两大类，一类被称为“一般社交恐惧症”，即无论处在何种社交场合，都害怕被人注意，害怕被介绍给陌生人，甚至害怕和人发生目光接触。另一类是“特殊社交恐惧症”，即对某些特殊的情境或场合恐惧，如害怕当众发言等。然而，不管是哪一类恐惧，你真正害怕的不是别人，而是自己。

对某些事物或情景合情合理的恐惧，可以使人们更加小心谨慎，有意识地避开有害、有危险的事物或情景，以便更好地保护自己，避免遭受挫折、失败和意外事故。但不正常的恐惧，则是最消极的一种情绪，并且总是和紧张、焦虑、苦恼相伴，使人的精神经常处于高度紧张的状态。因此，它必然损害健康，引起各种“心因性”疾病，长期的极端恐惧，甚至可以使人身心衰竭，失去宝贵的生命。不正常的恐惧心理，还会严重影响一个人的学习、工作。

为了自己的健康和进步，有恐惧心理的人必须下定决心，鼓足勇气，努力战胜自己不健康的恐惧心理。

各种不幸皆由追求完美所致

在这个世界里，完美也是一件可怕的事物，如果你每做一件事要求务必完美无缺，便会因心理负担的增加而不快乐，要知道，人生的各种不幸皆由追求完美而导致。当一个人要求别人善待他时，缺点便显现无遗。完美是一座心中的宝塔，你可以在心中向往它、塑造它、赞美它，但你切切不可把它当作一种现实存在，因为这样只会使你陷入无法自拔的矛盾之中。

具有完美主义心理的人表面上很自负，内心深处却很自卑。因为他很少看到优点，总是关注缺点。如果总是不知足，很少肯定自己，自己就很少有机会获得信心，当然会自卑了。不知足就不快乐，痛苦就常常跟随着他。

心理学研究证明，试图达到完美境界的人与他们可能获得成功的机会，恰恰成反比。追求完美给人带来莫大的焦虑、沮丧和压抑。事情刚开始，他们在担心着失败，因怕干得不够漂亮而辗转不安，这就妨碍了他们全力以赴去取得成功。而一旦遭到失败，他们就会异常灰心，想尽快从失败的境遇中逃避开去。他们没有从失败中获取任何教训，而只是想方设法让自己避免尴尬的场面。

很显然，背负着如此沉重的精神包袱，不用说在事业上谋求成功，就算在自尊心、家庭问题、人际关系等方面，也不可能取得满意的效果。他们抱着一种不正确和不合逻辑的态度对待生活和工作，永远无法让自己感到满足，每天都是焦灼不安的。

要克服完美主义，必须要做到以下几点。

1. 接受缺憾

没有“瑕疵”的事物是不存在的，盲目地追求一个虚幻的境界只能是劳而无功。生活绝不可能一帆风顺，遇到挫折和处于低谷时，自信和乐观尤为重要，切不可自暴自弃。学会换个角度看问题，正因为生活中有让你感到沮丧、绝望的问题，你才会付出更多努力，才更懂得珍惜所得到的，即便是事情不尽如人意，失败和成功一样构成你丰富的人生体验。人只有经受住失败的痛苦，才能达到成功的巅峰。不要为了一件事未做到尽善尽美的程度而自怨自艾。

2. 正确认知自我

如果事事要求完美，将成为你做事的障碍。要在自己的长处上培养起自尊、自豪和工作兴趣，不要在自己的短处上去与人竞争。

不要对自己太苛刻，不要为了让周围每一个人都对你满意而处处谨小慎微，要有点“我行我素”的气魄，做事只要对得起自己的努力和良心，不要太在意他人对自己的评价。否则，遇到挫折就可能导致身心疲惫。

3. 学会放松和排解不快情绪

情绪的过分紧张和焦虑，会影响一个人解决问题的能力；而生活中常常会遇到一些始料不及的事，应学会调节自己的情绪，保持生活的规律和睡眠的充足，以饱满的精神状态面对并解决问题。学会倾诉和寻求帮助来排解不愉快，生活中绝大多数人都有一颗助人为乐的心，找一个听你诉苦的朋友不会是太难的事。

“约拿情结”是人际交往的大敌

“约拿”是《圣经》中的人物，他本是一个虔诚的基督徒，并一直渴望得到神的差遣。

神终于给了他一个光荣的任务，要他去宣布赦免一座原本要被罪行毁灭的城市——尼尼微城，这本是一种崇高的使命和很高的荣誉，也是约拿平素所向往的。但一旦理想成为现实，约拿却感到一种畏惧，感到自己不行，想回避即将到来的成功，想推却突然降临的荣誉，后来约拿为了抗拒这个任务而逃跑了。

这种成功面前的畏惧心理，心理学家们称之为“约拿情结”。

约拿情结是一种普遍的心理现象。我们一方面想取得成功，另一方面又不敢面对成功。我们既自信，但同时又自卑，我们既对杰出人物感到敬仰，但又总是有一种敌意的感情。我们敬佩最终取得成功的人，面对成功者，又有一种不安、焦虑、慌乱和嫉妒的心理。我们既害怕自己最低的可能性，又害怕自己最高的可能性。

我们每个人都有能力进行有效的社会交往，从而取得更大的成功，不幸的是人们在此过程中常会遇到一种自身的心理障碍，这就是约拿情结。约拿情结是我们拥有良好人际交往的敌人。

很明显，有些人成就不大，不在于智力不够，而在于没有克服自己心理上的弱点和谬见，而这些弱点和谬见会影响人际的正常交往，缺乏社会交往的人是无法取得成功的。我们只有不断向自己挑战，认真对待约拿情结，才能进行有效的人际交往，也才能取得更大的成功。

那么，在人际交往中，我们如何才能战胜约拿情结呢？

第一，要自我鼓励，培养自信。要相信自己的能力，相信自己的努力会取得成功。在面临困难和新的挑战时，不妨在心里对自己说：“我能行！”“我一定会成功的！”用这样的心理暗示为自己打气，鼓足勇气去迎接挑战。

第二，调整自己的目标，不怕失败，在实现目标的过程中逐步走向成功。过低或过高的目标都不利于个人的成长，要善于分析自己的优势和劣势，定出适合自己的理想目标，全力以赴地去实现自己的理想，失败时要分析原因、吸取教训，在挫折中培养自己的心理耐受力。

当你坚持下去，在经验与教训的累积下前行的你，一定会尝到自信与成功的滋味。

第三，要学会宽容，用正确的态度去看待他人的成功。别人成功自有他的长处，我们可以去学习，奋起直追。我们要学会设身处地地替别人着想，别人成功时，替他感到快乐；别人痛苦不幸时，我们也应该体会他的心情。只有这样，才能克服嫉妒的心理。

第四，心情焦虑时，听听音乐或者到外面散散心。心情紧张的人，才会考虑成功来临之前种种失败的可能性，不妨把考虑这些问题的时间拿来放松自己的心情，在美妙的乐曲声中，在大自然美丽的景致中，将种种顾虑抛开，轻装上阵，迎接挑战。你一定能品尝到成功的喜悦！

第八章　情景喜剧为什么要配上笑声
人际关系的修复方法

每个人都希望被尊重，命令不会让人屈服，唯有敞开胸怀，与人平等沟通才能达到最好的效果。无论是跟亲朋好友还是与同事伙伴，如果你真的想让别人“听你的话”，最好的办法就是尊重他们，得饶人处且饶人，他们自然会发生改变。

夫妻间应学会道歉与原谅

男女间愉快地相处，从恋爱到顺利地订婚、结婚，必须学会两大技巧：道歉与原谅。这两种技巧就像飞鸟的双翼，没有它们，爱的飞鸟就无法飞翔。

每个男孩都有过向女友道歉的经历，一不小心说错话或者不小心的一个举动都有可能导致女友不高兴。那么，向女友道歉的时候应该注意什么呢？怎样向女友道歉才会让女友原谅自己呢？

1. 先说你很抱歉

当你先说你很抱歉的时候，表示你愿意开放你的耳朵听她的抱怨。简短地向她说你抱歉的原因，不要做任何解释，越简短效果越好。

2. 认真倾听她的感受

当你说抱歉时，表示你关心她的感受，愿意听她表达她的感觉。一旦她表达完了，千万不要解释或和她争辩。如果她还有更多话要说，就让她说个够，如果没有，就可以采取第三个步骤。我们知道听女人抱怨不是件容易的事，你只要尽力而为就好，毕竟一时的忍耐可以避免几个礼拜的不愉快。当女人心情不好时，她希望对方能够了解那种感觉。

3. 用负面形容词进行解释

当你犯错了，请记得用负面形容词描述你所犯的错。以下是几个用负面形容词描述的例子，让我们看看女人会有什么样的感觉。

当你说："很抱歉我迟到了，我真是太不体贴了。"

她会觉得："没错，你真的很不体贴。不过既然你知道我的感觉，我心里就好过多了。只要不是每次都迟到就好了。你不需要凡事完美，只要你能想到我在等你就好，没什么，我原谅你。"

当你说："很抱歉让你在宴会中受到冷落，都是我太不体贴了，这是很糟糕的事。"

她会觉得："对啊，你真是太不体贴了，但是你能够了解就表示你不是真的那么糟糕。我想你并不是故意要在宴会中冷落我的，我愿意原谅你。"

当你说："我很抱歉说了不该说的话，我太容易生气了。"

她会觉得："你太容易生气了，所以根本听不进我说的话。不过既然你道歉了，至少说明你是在乎我的，所以试着听我说话，我应该原谅你。"

在以上几个例子当中，男人用几个负面形容词：不体贴、很糟糕、容易生气。女人对男人用这些形容词来道歉，永远不嫌烦。就像男人听到："谢谢你""很有道理""好主意""感谢你的耐心"等这些句子，也永远不嫌烦一样。

男人必须使用适当的字眼向女人道歉，才会奏效。而女人在原谅男人时也是有方法的。以下是一些例子。

当他说："很抱歉我迟到了，我实在太不体贴了。"

你应该说："没关系，下次你就不会了！"

当他说："很抱歉让你在宴会中受到冷落，都是我太不体贴了，这是很糟糕的事。"

你应该说："没什么，只要知道你不是故意的就好了，我相信你会补偿我的。"

当他说："我很抱歉说了不该说的话，我太容易生气了。"

你应该说："没什么，你能试着去了解我的想法，我就很感激了。"

当一个女人以上述表达方式原谅对方时，可以避免激怒男人，并使他更有责任感、更体贴。

如果男人的道歉都能得到对方的原谅，他会越变越体贴。

而女人如果能够体会宽容原谅的力量，就可以抛开那些使她怨恨的小事，不让这些不满在她心中累积，反而会更关爱对方。

夫妻吵架时不能伤害感情

在日常生活中，我们有时会遇到夫妻吵架的情景，夫妻吵架无输赢之分，谁是谁非不可能明明白白。有时只不过是做某一个"选择"，而这个"选择"往往来自一方的让步。

懂得了吵架的艺术，夫妻就能虽吵犹亲，爱情的纽带也将越来越紧。那么，怎样才能做到这一点呢？

1. 允许对方偶尔生气

如果你认为彼此爱慕的一对夫妇也不免会有嫉妒、烦恼和生气的事情发生的话，那么当这些情绪来临时，你就不会惊慌失措，因为这并不意味着他或她对对方已经“没有感情”了。也许你的配偶是因为工作而情绪低落，没有向你表示缠绵之情，不过即使这暂时的不快不是你的过错，你也应该问：“亲爱的，我做了什么事惹你生气了吗？”如果回答是否定的，你可以再问：“那么，我能为你分忧吗？”如果对方不需要，你就不必打扰。要知道，这些问候是你给予的最好的安慰。

2. 以冷对热

以冷对热的关键，就是你吵我不听。在一方感情激动、控制不住自己的时候，任他发火，任他暴跳如雷，不去理睬他。“一只巴掌拍不响”，一个人吵是吵不起来的，等他情绪平和以后，再和他慢慢说理，他会比较容易接受。

3. 说话要有分寸

即使忍不住争吵，说话也要有分寸，不能说绝情话，不能讥笑对方的某些缺陷或揭对方的“伤疤”。更不能在一时气愤之下，破口大骂，不计后果。比如，有的人吵架时言语不留余地，常说出“你是不是问得太多了”“我要怎么干就怎么干”“你受不了可以走”，等等，这类话咄咄逼人，很容易引发更大的冲突。

4. 主动退出

不少夫妻在争吵过程中，总有一种以自己“有理”来压服对方的心理，结果谁也不服谁，反而越说越有气。其实，夫妻之间的争吵。一般没有什么原则问题，许多是是非非纠缠在一起，也不易分清，特别是在头脑发热、情绪激动时更不易讲清。如果争吵到了一定时间和程度，发现这样下去不能解决问题，那么有一方就要及时刹车，并提示对方休战了。这并不是屈服、投降，而是冷静、理智。

夫妻争吵有必要控制好“度”，即使在最冲动的情况下也不要超越这个界限。这里要注意以下几点。

1. 不揭短

一般来说，夫妻双方十分清楚对方的毛病和短处。比如，对方存在生理缺陷，个子小，不生育，或有过失足等。在平时，彼此顾及对方的面子而不轻易指出。可是一旦发生争吵，当自己理屈词穷、处于不利态势时，就可能把矛头对准对方的短处，挖苦揭短，以期制服对方。有道是“打人莫打脸，骂人不揭短”，人们最讨厌别人恶意揭短，因此揭短只会激怒对方，扩大矛盾，伤及夫妻感情。

2. 不翻旧账

有的夫妻争吵时，喜欢把过去的事情扯出来，翻旧账，将陈芝麻烂谷子作为证据，历数对方的“不是”和“罪过”，指责对方，或证明自己正确。这种方式也是很愚蠢的。夫妻之间的旧账很难说得清，如果大家都翻对自己有利的那一页，眼睛向后看，不但无助于解决眼下的矛盾，而且还容易把问题复杂化，使新账旧账纠缠在一起，加深怨恨。夫妻争吵最好“打破盆说盆，打破罐说罐”，就事论事，不前挂后连，这样处理问题，才容易化解眼前的矛盾。

3. 不涉及亲属

有的夫妻争吵时，不但彼此指责，而且会冲出家门，把对方的老人、亲属也卷进来，如说“你和你爸一样不讲理”“你和你妈一样混账”。把争吵的矛头指向长辈是错误的，也是对方最不能容忍的。总之，夫妻争吵只要把握好了度，就不会伤及感情，雨过天晴后，两人又会和好如初。

当夫妻因事发生矛盾出现冷战局面时，到一定程度就要有一方首先打破沉默，这时另一方也要响应，这样夫妻就会握手言和，重归于好。打破沉默、消除冷战的方式有以下几种。

1. 认错求和

如果一方意识到发生矛盾的主要责任在自己，就应主动向对方认错，请求谅解。比如，“好了，这事是我不好，以后一定注意。这件事是我考虑不周，责任在我，我赔不是，你就不要生气了，气出病来，可不划算！”对方听了，一腔怒火也许就烟消云散了。退一步说，即使错误不在自己一方，也可以主动承担责任。

2. 幽默和解

开个玩笑是打破僵局的最佳方式。比如，“我说，你看世界上的冷战都结束了，我们家的冷战是不是也可以松动一下？”“瞧你的脸拉那么长干什么！天有阴晴，月有圆缺，半月过去了，月儿也该圆了吧！女人不是月亮吗？”对方听了多半会“多云转晴”。

总之，只要一方能针对矛盾的具体情况，采取相应的方式，巧用言语，就可以尽快打破僵局，使家庭生活恢复往日的欢乐与和谐。

掌握情绪才真正掌握了自我

你有没有想过你的情绪就像传染病一样，是可以传染的？事实上，情绪确实会通过你的姿态、表情、语言传达给别人，并且在不知不觉中感染到对方——这就是心理学上说的情绪效应。我们不妨看看心理学家的验证。

美国洛杉矶大学医学院的心理学家加利·斯梅尔做了一个试验，他将一个乐观开朗的人和一个整天愁眉苦脸、抑郁难解的人放在一起，不到半个小时，这个乐观的人也变得郁郁寡欢起来。加利·斯梅尔随后又做了一系列试验，证明只要20分钟，一个人就可以受到他人低落情绪的传染，一个人的敏感性和同情心越强，越容易感染上坏情绪，这种传染过程是在不知不觉中完成的。

人是感情动物，当然逃不过情绪的波动。但若让情绪控制了你，而非你控制它，就会让你与理智隔离，犯下不应该犯的错误。在当今社会巨大的竞争压力面前，我们更应该学会控制自己的情绪，在每一次情绪要占据你的时候，学会抑制，学会调节，才能少犯情绪化的错误，才能在竞争中处于不败之地。

在1980年美国总统大选期间，里根和竞选对手卡特的竞争进入了白热化阶段。在一次关键的电视辩论中，面对卡特对自己在当演员时期的生活作风问题发起的蓄意攻击，里根丝毫没有着急和愤怒的表现，只是微微一笑，调侃地说："你又来这一套了。"一时间引得听众哈哈大笑，反而把卡特推入了尴尬的境地中，从而为自己赢得了更多选民的信赖和支持，并最终获得了大选的胜利。

里根面对卡特的挑衅，控制住了自己的愤怒情绪，没有正面与卡特争执，这不仅体现了一种领导人应有的胸怀，还赢得了选民的支持。

在人际交往活动中，人可能遇到各种各样的情况，面对不同的情况，人的情绪会有很大的波动，不善于控制情绪，就会使人际交往失败。不能控制情绪的人，给人的印象就是不成熟，还没长大。说哭就哭，说笑就笑，说生气就生气，这种行为发生在小孩身上，大人会说是天真烂漫，但发生在成年人身上，人们就不免对这个人的人格发展感到怀疑了，就算不当你是精神病，至少也会认为你还没长大。如果你还年轻，则尚无多大关系，如果已经做好几年事，或是已经过了30岁，那么别人会对你失去信心，因为别人除了认为你“还没长大”，还会认为你没有控制情绪的能力，一遇不顺就哭，一不高兴就生气，怎么可能成就大事。

在人际交往中控制情绪是很重要的一件事，你不必“喜怒不形于色”，让人觉得阴沉不可捉摸，但情绪的表现绝不可过度，尤其是哭和生气。如果你是个不易控制这两种情绪的人，不如在事情发生并引起你的情绪时，赶快离开现场，等情绪过了再回来，如果没有地方可以暂时“躲避”，那就深呼吸，不要说话，这一招对克制生气特别有效。一般来说，年纪越大，越能控制情绪，那么你将在别人心目中呈现“沉稳、可信赖”的形象，虽然不一定能因此获得重用，或在事业上立即得到帮助，但总比不能控制情绪的人好。

在众多调整情绪的方法中，你可以先学一下“情绪转移法”，即暂时避开不良刺激，把注意力、精力和兴趣投入另一项活动中，以减轻不良情绪对自己的冲击。我们应该相信我们的大脑完全有能力控制自己的情绪。

请牢记以下几点。

（1）你有能力控制自己想些什么，每时每刻，每天每日。

（2）你有能力创造出一个想象的前景和实现它们的正确途径。

（3）你有能力去接近一个超出自我意识之外的信息源泉。

（4）你有能力从你的生活中消除一切消极的思想和情绪。

（5）你有能力去扮演想成为的角色，也有能力去获得想具备的能力和性格。

宽容能使人和睦相处

宽容，是一束照射在冬日里的阳光，使误解这座冰雕融化；宽容，是一座矗立在黑夜中的灯塔，使迷途者找到航行的方向；宽容是人与人之间交往、理解的桥梁，是彼此体谅的纽带！宽容者，人恒爱之，人恒敬之。

有这样一个故事。

孙文香毕业后初入社会，在某合资公司外贸部就职，不幸碰上一个爱拍马屁、什么本事都没有的主管。此人每天下班后没什么事儿也要跟着日本科长拼命“加班”，还无事生非，把白天理好的文章弄得一团糟，一旦出了错，又把责任全部推给孙文香。孙文香不是一个会“争”的女孩子，只好忍气吞声等日本科长长出“火眼金睛”，结果等了三个月，还是等不来一句公道话。

一气之下，孙文香就去了另一家外资公司。在那里，她出色的工作博得了许多同事的称赞，但无论如何也没法使苛刻、暴躁的经理满意。心灰意冷间，她又萌生了跳槽之念，于是向新加坡总裁递交了辞呈。总裁没有竭力挽留孙文香，只是告诉她自己处世多年得出的一条经验：如果你讨厌一个人，那么你就要试着去爱他。总裁说，他就曾鸡蛋里挑骨头一般在一位领导身上找优点，结果，他发现了老板的两大优点，而老板也逐渐喜欢上了他。

孙文香依旧讨厌她的经理，但悄悄地收回了辞呈。她说：“现在想开了，作为一个成熟的人应该放开心胸去包容一切、爱一切。换一种思维看人生，你会发现，乐趣比烦恼多。”

宽容可以消除人与人之间的摩擦，使人与人和睦相处。对于孙文香而言，宽容无疑为她带来了良好的人际关系，自己也能生活得轻松愉快。对于一个团体而言，宽容必定会营造一种和谐的气氛，利己也利人。

总之，尊重别人就是尊重自己，宽容对待别人，才会给自己带来广阔的天空。既然宽容能带来如许好处，我们一定要掌握宽容的要诀。

1. 不要要求别人都和我们一样

每个人都有不同的性格、爱好和要求，我们不能要求人们都和我们一样。美德和智慧是有多种表现形式的，我们不能只用一种标准来衡量，从而不能容忍别人与自己有不同的观点和志趣。不要企图改变别人，这不仅不能实现，甚至还会损害与对方的关系。

2. 不要吹毛求疵

每个人都不可能十全十美，包括我们自己。但是，我们常用十全十美去要求别人，因此我们常常因别人的一些失误或缺陷而恼怒，这种做法除了能导致我们同他人之间出现裂痕或者反目成仇，恐怕是一无所获。

3. 不要怀恨

怨恨不仅会影响我们与他人的友情，还会严重地挫败自己。怨恨会使你被苦恼所束缚，会扰乱你的思维，使你头脑混乱，效率低下。其实，怨恨别人常常是一种不公平的事。我们常常会错误地以为自己的过错要比别人轻微得多，这大概是由于我们了解自己犯错误的原因，于是就更容易原谅自己！那么当别人错待了你的时候，你试着去站在他的角度想想问题，也许就会谅解对方了！

总之，宽容大度的人总是受到人们的欢迎。一个人如果只顾自己，只为自己打算，那么就没有吸引他人的磁力，就会被别人讨厌，从而使得大家都躲着他，没有人愿意与他交往。

其实，仔细想想，人生最大的目标，并不应该只在于谋生，我们还需要得到朋友的温暖。当然，你只要在自己身上培养磁石般的吸引力，心胸开阔，气量大度，宽容别人的缺点，学习别人的优点，就必定能够广交天下朋友。

身处难堪时的脱困技巧

难堪的局面往往会使你的自尊心受到损伤，破坏平时保持的良好形象，还会让你面上无光、下不来台，等等。而用幽默的话语化解难堪，不仅能展示自身的才智和应急能力，还会让自己的形象更加生动，给别人留下美好而深刻的印象。

身处难堪之地，该如何运用幽默来为自己解围呢？下面就教大家几招。

1. 调动幽默化干戈为玉帛

幽默是调解心灵不安的有效方式。当然，这种幽默也蕴含批评、指正，因为不涉及原则性的问题，它采取委婉的方式，达到说服的目的。

有一次同学聚会，展国洪请朋友抽烟，朋友说不会，他说：“抽烟是男人的第二性征，你不抽烟，难怪你的胡子都没有我多。有人说抽烟有害健康，我就不信，谁都知道，腊肉比新鲜肉保存得久，我们抽烟人的内脏都被熏成腊的了：腊心腊胃腊肠腊肺，比新鲜的更能持久，所以抽烟长寿，无害健康。”他的朋友顺着他的话头委婉地说：“活猪身上都是新鲜肉，腊肉不可能长在活猪身上，腊肉包括你说的腊心腊肺等都是没有生命的，保持得再久，又有什么用？”同学们在一片大笑中纷纷表示赞成后者的说法。

这种幽默的特点是：有理但不无礼，有节但不失有趣。

2. 单刀直入幽默术

单刀直入幽默术不仅可以帮助人们在尴尬时刻喻事晓理，摆脱困境，还可以用来缓和紧张气氛，维护自己合理权益，把握住来之不易的机遇。

刘振岭刚刚在一家公司谋得一份相当不错的工作。

由于刘振岭家距公司有好长一段距离，他每天需要转乘好几趟公共汽车赶去上班，所以很容易迟到。

但公司对职员的要求非常严格，公司规定：每月上班迟到累计超过三次者，公司将对其予以解雇。自上班以来，刘振岭已经有两次迟到记录了，所以老板曾非常尖酸地对小伙子暗示：“就等你下次了！”

星期二，刘振岭不幸又一次迟到了。当他企图偷偷溜进办公室时，发现老板竟站在门口等着他！

“你好，老板，”刘振岭灵机一动，抢在老板发话前毕恭毕敬地说道，“鄙人刘振岭，现年26岁，大专文凭，工作经验丰富，愿毛遂自荐，申请我即将失去的这份工作！”

整个办公室的人大笑起来，老板也忍不住笑，踱出了办公室，刘振岭来之不易的工作机会得到了保留。

单刀直入幽默术就是这样，它能在千钧一发的时刻帮助你化险为夷。在运用时应该注意：单刀直入并非简单地与人争执，因而与其说它是论辩的技巧，倒不如说它完全是靠幽默的魅力来折服他人，取得成功的。

敞开胸怀，与人平等沟通

李斯特是匈牙利著名的钢琴家和作曲家，19世纪30年代就已蜚声世界。一天，李斯特在德国的一个小城市里看到一张海报，内容是：有一位姑娘（自称是李斯特的学生），定于某月某日要在这个城市开音乐演奏会。李斯特感到很奇怪，因为他从来就没有这样一个学生，于是决定弄清究竟。

就在开音乐会的前一天，李斯特突然来到这个姑娘面前，并表明了自己的身份。姑娘一听，吓得浑身哆嗦，脸色苍白，马上抽泣起来。李斯特看这个姑娘很可怜，便叫她不要哭，想问明白是怎么回事。

过了好半天，姑娘才止住泪水，诉说了她的艰难身世，原来她是个孤儿，冒充李斯特的学生完全是为了生计，说着，她非常后悔地看着李斯特：“我现在请求先生的宽恕。”

被姑娘深深打动的李斯特，油然生出一种怜悯之心，他把姑娘扶起来，和蔼地对她说："现在让我们来看看，有没有可以补救的办法。"姑娘看到李斯特如此和蔼可亲，激动得不知说什么才好。

李斯特要这个姑娘把明晚要弹奏的曲子演奏一遍给他听。姑娘尽其所能，精心演奏。李斯特一边听，一边指点，帮助她纠正不够准确的地方。末了，李斯特说："好了，明天晚上你就大胆上台演奏吧，现在我就收下你这个学生了。"

李斯特的话音刚落，姑娘便深深地弯下腰，向李斯特行起了拜师礼。李斯特接着说："你可以向剧场经理宣布，明天晚会最后会增加一个节目，由你的老师——我，为我的学生演奏。"姑娘再次激动得不知说什么才好。

第二天晚上，音乐会如期举行，姑娘的表演非常成功，临近结束的时候，观众们忽然欢呼起来！原来，弹奏最后一支曲子的不是学生，而是学生的老师——李斯特。

很多时候，放过别人就是放过自己。正所谓"金无足赤，人无完人"，生活不会总是一帆风顺的，我们总会遇到不如意的人和不如意的事。当错误发生的时候，聪明人会巧妙地化解，放过别人，也放过自己。正是这种胸襟，让一个人的气度和格局提高了一个层次。

法国社会心理学家托利得说：测验一个人的智力是否属于上乘，只看其脑子里能否同时容纳两种相反的思想，而无碍于其处世行事。人们把这种观点称之为托利得定理。

两种相反的思想共存，说明你能够听进不同意见，或者说，容许不同的观点产生，并且能够客观地评价它们，而不影响自己。这就要求我们在与人交往时将问题正反两面全都考虑到，允许反对自己的声音存在，得饶人处且饶人，从大局出发做出判断和决策，这才是积攒人情的明智之举。

公元24年，刘秀与王郎争夺河北之地，刘秀所部屡战屡败，形势一度十分危急。在这样的情形之下，刘秀的部下开始人心惶惶，很多人暗中给王郎写信献殷勤，有人向王郎示好，有人出卖情报，泄露军机，信件竟达上千封之多……

不过，事情还是有了转机，由于援兵及时赶来，刘秀稳住了阵脚，并开始反攻，逐步侵夺王郎的属地，最终攻占邯郸，杀了王郎。在邯郸城里，刘秀看到了那上千封信，他当着众人的面，一把火烧光了所有的信件。有人问刘秀，为什么要这么做？刘秀说："当初和王郎交战的时候，我自己也没有十足的把握，更何况那些人呢？他们那么想并没有错。"

刘秀的这一举动出乎意料，他的仁义之心感动了在场的人们，那些曾经写过信的人从此之后死心塌地地归顺刘秀，再也没有二心了。得饶人处且饶人，刘秀深谙此道，追究到底只会让事情更加麻烦，自己也会失去左膀右臂，而在关键时刻不予追究，给他们一个台阶下，感激之情会让他们死心塌地地跟着自己，不会再出岔子。

下属犯错的时候不予追究是一种气度，但是如果能在别人犯错误的时候不但不追究，还予以赞扬，则不是每个人都能做到的。

一次，洛克菲勒的一个合伙人爱德华·贝德福特，在南美的一次生意中，使公司损失了100万美元。贝德福特丧气地回来见洛克菲勒，洛克菲勒本可以指责他的过失，但是他并没有那样做，他知道贝德福特已经尽力了，更何况事情已经发生了，不能因此而把贝德福特的功劳全部抹杀。

于是，他把贝德福特叫到自己的办公室，对他说：“这太好了，你不仅节省了60%的投资金额，而且还为我们敲了一个警钟。我们一直都努力，并且取得了几乎所有的成功，还没有尝过失败的滋味。这样也好，我们可以更好地发现自己的错误和缺点，争取更大的胜利。更何况，我们也并不能总是处在事业的巅峰时期。”

这段故事广为流传，因为少有人能做到像洛克菲勒一样，在如此情况下还能用赞美的方法对待一个犯错误的人。人们在交往中总是习惯找出原因，一定要把某件错事归到某个人头上。殊不知，这种做法除了伤害人际关系，没有一点好处，而在关键时刻给他留足面子并且大加赞扬，才能起到最好的安慰作用。

每个人都希望被尊重，命令不会让人屈服，唯有敞开胸怀，与人平等沟通才能达到最好的效果。无论是跟亲朋好友还是与同事伙伴，如果你真的想让别人“听你的话”，最好的办法就是尊重他们，得饶人处且饶人，他们自然会发生改变。